小山田隆明
Oyamada Takaaki

詩歌療法

詩・連詩・俳句・連句による心理療法

新曜社

はじめに

古くはハイネやダンテの詩に心を奮い立たせ、白秋や藤村の詩に傷ついた心を癒してきた人々がおり、近くは「千の風になって」に悲しみを癒し、「旅立ちの日に」で心を奮い立たせる人たちがいるのに、詩の心理治療的効果についてはエピソード的な報告があるだけで、これまで心理療法として体系的に考察されることはありませんでした。

若い頃、詩を読み、書いていた経験が多くの人にあるはずです。詩を読み書くことは、そのときの自分を知る最も確実な方法であったからです。また、ある詩に出会い、強く心を動かされた経験もあったはずです。それは、現代詩の一行あるいは一節であったり、俳句や短歌の一句であったかもしれません。その詩句が強い影響力をもっていたのはなぜでしょうか。私たち心理療法家は、この問いに真正面から取り組んで来なかったように思います。

詩人は、詩は感じられる思想であり、感覚による認識であり、詩を書くことは曖昧模糊としたものをはっきりと気づかせ、日常的な世界を新しく作り変えることであり、読む者に真理を生きたまま送り込むと言い続けてきたように思います。しかし、心の問題に取り組む心理療法家が、「詩を読み、書くことはそれまでの認知的世界を変容させる」という詩人の言葉に、なぜ気づかなかったのでしょうか。

本書は、七つの章から構成されています。第一章と第二章は、詩歌療法の基礎となるものについての考察です。第一章では、詩とは何かを作者と読者の両方の視点から考察し、第二章では、アリストテレス、フロイト、ユングの詩の心理学をとりあげます。第三章と第四章は、詩（現代詩）による詩歌療法の理論と臨床への適用、一九八〇年代以降の詩歌療法の紹介と集団詩歌療法を取り上げています。第五章～第七章では、連詩療法という新しい技法を、さらにこれまで精神医学と心理療法の領域で行われてきた俳句（ハイク）、連句による心理療法の研究を、広く詩の心理学に基づいて考察しております。

詩の心理療法に、少しでも理論的根拠を与えることができればと願っています。さらには、学校で施設で病院で、詩歌療法を用いることで悩み苦しんでいる人たちの心を少しでも軽くするのに本書が役立つならば、望外の幸せです。

二〇一二年　春

目次

装幀＝難波園子

第一章　詩の特徴

1　詩とは何か

本章の目的は、詩論の系譜をたどることではなく、心理療法において詩を作り、詩を読むときの治療的枠組みをできるだけ明確にすることにある。しかし詩を心理療法に用いいようとするならば、はじめに「詩とは何か」を考察する必要がある。詩にはいろいろな形式があり、日本における詩には、伝統的な俳句、連句、また短歌もある。さらに西欧詩の詩型に倣った近・現代詩（以後、詩という）もある。詩歌療法はアメリカから始まったという経緯もあり、まず西欧詩について考察し、次に連詩、俳句、連句、そして俳句の詩型をもちいた外国語のハイクを、後の章で取り上げることにしたい。

詩についてはギリシアのアリストテレス（Aristotelēs, 384-322 B.C.）の詩論『詩学』以来、多くの学者や詩人により、たくさんの詩論が書かれてきた。なかでもイギリスの詩人ワーズワス（Wordsworth, W., 1770-

1850）とフランスの詩人ヴァレリー（Valery, P., 1871-1945）の詩についての所説は、その後の詩と詩人に大きな影響を与えてきたとされている[1]。それゆえ、この二人の詩人の詩に関する所説は、「詩とは何か」という問題、ひいては詩の心理療法的枠組みを明らかにするという本書の目的にとっても有力な手掛かりになると考えられる。

ワーズワスは、コールリッジ（Coleridge, S. T., 1772-1834）との共著『抒情歌謡集』（1798）の第二版および「詩の語法」という長文が付け加えられた第三版の序文で、詩は日常の生活の出来事が詩人の心を強く動かし、強い感情（パッション）状態において感情と言葉が結合して作られると言っている。そしてこの詩作過程には人間の根源的な在り方（原理）が見られるとする。ワーズワスは、嵐、日光、四季の変化、寒暖の感覚、友人や近親者の死、侮辱と怒り、感謝と希望、恐怖と悲しみの感情、生き物としての生命感が、人間性の根源的法則（原理）であるとも言っている。詩作の目的は、「それ自体が証拠となるような真理」を現した詩を作ることであり、詩を読む者の心に「真理を生きたまま送り込む」ことであるとしている。このような詩についての考えは、十八世紀イギリスで主流であった教訓詩や諷刺詩など、新古典主義の詩とは異なるものであり、ワーズワスが『抒情歌謡集』を「実験」であるとした理由であった。

ワーズワスは、詩「狂った母親」や「白痴」の中で詠った人物[2]のように傷つき、ある種の極限状態にある人間こそ、普通の人間よりも一層自然の生命に近く、自然の実相を示す存在であるという。それゆえ、宮下忠二（1992）は、ワーズワスの言う人間性の根源的法則（原理）とは人間を含む自然全体を支配する原理と考えられ、自然への「崇高な感情」は自然と人間を一体化するものであったと指摘している[3]。詩「ティンターン修道院上流数マイルの地で」は、自然と精神の相互作用、人間の意識と無意識の探求であり、ワーズワスによる無意識の存在の指摘はフロイト（Freud, S., 1856-1939）の学説に先行するものであった。

ヴァレリーは、「詩と抽象的思考」（1939）において「詩とは何か」を、自らの二つの体験から考察している。ひとつは、「詩的」と呼び得るような状態の体験であって、この詩的状態は、何かの原因があって生じるものではなく、偶然に生じ、その状態はいつもの自分とは異なる自分に気づかせる。そうした状態が徐々に元の状態に戻り、思考と作用し合い、詩が作られるようになるという。もうひとつの体験は、ある観念が突然浮かんできて、知的懐疑「なぜ」の対象となる。そして、詩句ではなく、思考の習慣に一致するような命題（～は～である）が探求される。この「なぜ」は、自我の均衡状態が失われて不均衡な状態になることにより生じるとした。

詩的と呼び得る状態において、言葉が他の言葉と結合し、その結合から感動を生じさせる新しい言葉が生まれる。この言葉の結合は、言葉そのものはなんら変わったところはないが、通常の感性では定義できないような、これまでとは異なる仕方で結び合わされ、諸々の存在、出来事、感情および行為がきわめて的確に関係づけられる。それによって、「既知の事物と存在――あるいはそれらを表象する観念」の意味が、従来とは異なるものへと変化するという。言い換えれば、認知構造に変化が生じることを指摘している。

このような詩的状態は、予期されず、偶然に得られ、一時的で、意志による統制がきかず、強力であるが脆弱であり、短時間で消失する。この状態において詩は作られるが、その詩は「私」のためではなく、「他の人」に詩的状態を作り出すために書かれるとする。ヴァレリーによれば、詩人の仕事は読む者を「霊感を受けた人に変える」ことであり、詩作は外界と身体と精神の間で行われる、共同作業の結果であるという。

*

「詩とは何か」という問いに、ワーズワスとヴァレリーは、詩がある感情（感動）状態において作られるという詩作過程の特異性から答えようとした。ヴァレリーが詩的状態とよぶ感情状態は、偶然に生じ、はじめは弱いが次第に強くなり、詩人の心を激しく揺さぶるようになるが、その状態は長くは続かない。そして弱まり消え去ったものは再び呼び戻すことはできない。意識的な統制が及ばないからである。このような状態において、言葉、観念、イメージがさまざまな形をとって現れ、感情と言葉の新しい、予想さえしなかった結合が生じ、詩の原型が形成される。[4] 日常の些細な出来事や光景が契機となって詩的感情状態は生じるが、そのためにはなんらかの準備性（レディネス）がなくてはならない。ワーズワスにもヴァレリーにも、詩的感情状態の準備性として人間と自然への深い憧憬や畏敬の感情のあることが認められる。

詩人たちはまた、詩そのものの特質という点から、「詩とは何か」という問いに対するもうひとつの答えを与えている。ワーズワスは、詩は「それ自体が証拠となるような真理」と言い、詩は読む者の心に「真理を生きたまま送り込む」と言う。

ヴァレリーは、詩は言葉による創造物であるが、言葉の詩的使用は、言葉の実用的・抽象的な使用と本質的に異なるとする。言葉が日常あるいは思考において使用され、理解することが求められるとき、言葉は自分のもつ言語体系へ置き換えられ、その内容が記憶される。しかし、表現形式（言葉の配列）は通常は記憶（保存）されることはない。

それに対して、言葉の詩的使用においては、リズムのような言葉の感性的な形式が維持され、詩に用いられた言葉は詩句として、言葉の結合の仕方（形式）と共に維持・保存されなければならないとする。日常的な言葉や抽象的な思考、あるいは散文の言葉のように、理解すればよいものではなく、詩においては言葉のつながり（形式）と言葉の響き（音・韻）が、すなわち「詩」が維持されねばならないのである。たとえば、ヴァレリーの引用しているボードレール（Baudelaire, C., 1821-1867）の詩「露台」と「沈思」[5]の冒頭の詩句、「思い出を生む女よ、恋人のなかの恋人よ…」（阿部良雄訳）や「おおわが苦悩よ、大人しく、さらに静かに…」（佐藤正彰訳）は、言葉がその形式の中に置かれることで詩になり、この形式を壊しては詩にはなり得ない（苦悩は詩人の擬人化された伴侶の意味）。詩の形式と内容（意味）は、同時に生じるものであるとする。言葉の響き（韻）は詩の感性的形式の重要な要因であり、ヴァレリーは言葉の響き（リズム）のために意味を犠牲にしたとさえ言われている。すなわち詩は、その形式と内容（詩句、連・スタンザ）を維持することによってのみ詩であり続けるのであり、そのまま読まれ、そのまま記憶されねばならないのである。

詩人であり詩の編集者、批評家でもあったリーヴズ（Reeves, J., 1965）[6]は、詩を「感じられる思想」と言い、詩は「感覚による認識」によって記憶されると言う。詩が論理的理解を求めるものであるならば、たとえ韻を踏むにしても散文でその目的を十分に達することができ、詩である必要はないからである。詩が

「感じられる思想」であり、「感覚による認識」であるゆえに、詩の主要な表現手段として比喩（直喩と隠喩）が用いられ、感覚的に把握できるイメージが用いられるのである。詩は、直喩と隠喩を用いて、概念による思考以前の言葉の状態に導くことで、詩を読む者の心に言葉が感情と密接に結びついた詩的感情状態を形成しようとする。

ワーズワスもヴァレリーも、詩は自分のためではなく、他の人のために書かれるものであり、詩は読む者に、今まで気づかなかった自分や世界に気づかせるとしている。詩は、詩を作る人にとっても、詩を読む人にとっても、それまでの自分や世界についての意識をより拡大し深化させ、あるいは曖昧であったものをより明確にし、言葉が感情的色彩を帯びることで認知的変容が容易に生じるようになる。

リーヴズは、「なぜ詩を読むのか」という問いに、「それは自分を知る最も確実な方法だから」と答えている。詩人が言葉（詩）にした経験は、詩を読む人にも共通するものがあるゆえ、詩を読むことで心が支えられるとする。さらに、「自分を知る」もうひとつの確実な方法は、「詩を書くことである」と言う。かなり多くの人たちが、普通考えられている以上に、若い頃に詩を書いている。それは、自分の感情を表現したり、心理的な問題を解消する必要があったからで、このことは詩作の重要な要因のひとつなのである。詩人が大人になりきれない若者であるというのではなく、また異常な経験や鋭敏な感受性を持つからでもなく、詩人は自分の内面を言葉で表現できる人であるという意味である。リーヴズは、イギリスの詩人ダン（Donne, J., 1572-1631）の知性と情熱の葛藤、シェリー（Shelly, P. B., 1792-1822）の自由への願望、クレア（Clare, J., 1793-1864）の自然への歓び、キーツ（Keats, J., 1795-1821）の美への情熱、ハーディ（Hardy, T., 1840-1928）の過去の歓喜への郷愁、ホプキンズ（Hopkins, G. M., 1844-1889）の宗教的情熱は、激しさに違いこそあれ、私たちの誰の心にもあるとしている。

絶え間ない努力と研究と希望と、そして素質も必要であるが、詩を書かずにはいられない強い衝動は人間の力を超えた運命の問題でもある。この運命は、人を幸福にするとは限らない。何人もの詩人にとって、詩はあらゆるものを犠牲にする呪いでもあったことは、詩人の伝記をみれば明らかである。リーヴズは、詩を書かずにはいられない気持ちにまで到らず、詩人の詩を知り、読み、理解すればよいと思うなら、それはそれでよいとする。新しい経験、想像力、豊かな啓示を与えるくれる詩が、この世にはたくさんあるのだからと言う。

イギリスの詩人についてのリーヴズの考察は、日本の現代詩の詩人の理解にとっても有用である。詩人田村隆一（1967）によれば、詩を書くということは、「不分明の感情を、分明なものとし、はっきりと眼に見せ、はっきりと耳にひびかせ…（それらに）明確な形をあたえる」ことであり、詩人自身にとっても、詩を書くことではじめて目に見える（可視的な）ものになるのだと言う。それゆえ、読む者の感性を揺さぶり動かし、その感情は読む者の知性に根源的に働きかけるとしている。また、詩人北園克衛（1967）は、詩を作るということは、「（これまでの日常的な）世界を新しく組みたてなおすこと」であり、「日常的な感情や感覚、時間や空間の観念とは違った世界」を開示することであるとしている。それゆえ、詩は、「（詩人によって）新しく組みたてられた認識の世界」なのである。

詩には、詩を作る者にとっても詩を読む者にとっても同じように、それまでの認知的世界を変容させる（認知構造を変容させる）影響力があり、その影響力は田村の「諸君が『詩』に遭遇した瞬間、世界が新しくなる」という言葉に要約される。この影響力が詩の心理治療的効果の源泉と考えられる。

詩を心理療法に用いようとするならば、現実世界の理解と他者への共感を治療目的とする場合と、自己の世界の再構築と未来への予見性を治療目的とする場合とでは、治療対象者に処方する詩に違いがあると考えられる。この問題については、後に考察することにしたい。

2　文体論からみた詩

(1) 詩と散文

詩人で詩集の編集者でもあり、詩の教育と啓蒙に熱心であったリーヴズの『詩の理解』(Reeves, 1965)の所説を手掛かりに、詩と散文の違いについて考察することにしたい。

リーヴズは、詩と韻文の違いを明らかにするために、グレイ(Gray, Th. 1716-1771)の詩「田舎の教会墓地で書かれた悲歌」[7]の一節と、「リチャード三世の生涯と死」というバラッド[8]の初めの部分を比較している。このバラッドは、散文の物語を詩のように書き分け、韻を踏むようにしたもので、規則的なリズムと押韻がある以外、グレイの「悲歌」と共通するところは何もなかったという。

さらに、散文を韻文で書いても詩にならないことを、コールリッジの詩「老水夫の歌」の最初の五連[9]を引用して、詩の表現が散文とも韻文とも異なることを示している。すなわち、詩の言葉は、散文や韻文より一層圧縮され緊迫した様式で用いられている。老水夫の特徴は、「灰色の長いひげ」、「きらきら輝く眼」、「骨と皮ばかりの手」の三つしかあげられていない。「灰色の長いひげ」は高齢と予言者的な風貌を表し、「きらきら輝く眼」はほとんど狂気に近く何かに取り憑かれていることを、「骨と皮ばかりの手」は苛酷な肉体的試練を経た人の衰弱した状態を暗示し、老水夫が畏敬の対象であることをほのめかしている。どの連のどの部分も、計り知れないほど重大な物語が始まることを暗示している。英文学者の斉藤勇（1978）は、「老水夫がその不思議な経験を物語るに、なぜ婚礼の祝宴に招かれた青年を聞き手にするのか」と問い、「苦難の坂をのぼりつめた老人と青春の希望にみちた若者との対照を暗示し、かつ死よりもさらに苦しい life-in-death（生きながらの死、筆者訳）と生命の根源となる結婚の喜びをならべて」、詩をより印象的にしているという。この部分は、詩とは何かを考察するときの重要な部分であるゆえ、次に原詩の五連と訳詩を引用することにした。[10]

老水夫の歌

現われ出たのは老水夫、
　三人のうち一人を差し止める。
「その長い白髭と光る眼にかけて言え、
　どうしてぼくを止めるのだ。

花婿の家の戸口は広く開けられ、
　ぼくはいちばん近い親類だ。

The Rime of the Ancient Mariner

It is an ancient Mariner,
　And he stoppeth one of three
By thy long grey beard and thy glittering eye,
　Now wherefore stoppest me?

'The Bridegroom's doors are open'd wide
　And I am next of kin;

客は集まり、祝宴の用意もできた―
　賑やかな話し声が聞こえるだろう―」
それでも水夫は婚礼の客を離さない―
　船の話じゃ、と彼は言った―
「何か面白い話があるのなら、
　水夫よ、一緒に中へ入ろう」

彼は骨ばった手でつかまえたままだ、
　船の話じゃと彼は言った―
「白髭のたわけめ、そこをどけ、
　さもないとこの杖で打ち倒すぞ」

水夫は光る眼で若者を見すえる―
　婚礼の客は立ちすくみ、
三歳児《みつご》のように聞き耳を立てる。
　まさに水夫の思い通りだ。

（宮下忠二訳）

The Guests are met, the Feast is set,-
　May'st hear the merry dim.-
But still he holds the wedding-guest-
　There was a Ship, quoth he-
Nay, if thou'st got a laughsome tale,
　Mariner! come with me.

He holds him with his skinny hand,
　There was a Ship, quoth he.
Hold off ! unhand me, grey-beard loon!
　Eftsoons his hand dropt he.

He holds him with his glittering eye―
　The wedding guest stood still,
And listens like a three years' child;
　The Mariner hath his will.

この数連の表現の力強さは、「言葉の圧縮」と「言葉の絵画的で聴覚的な特質」から生じており、「言葉の圧縮」は隠れた力を暗示し、「絵画的で聴覚的な特質」は詩の早い進行を感じさせている。この魔術的な言葉の使用にこそ、詩の本質があるとリーヴズは言う。そして、キーツの詩「つれなき美女」[11]にも、この魔術的な言葉の使用があると言う。この詩は、この世のものとも思われない不吉な美女の昔話がバラッド形式で書かれ、美と邪悪が密接に結びつき、中世的背景と極端に非現実的な雰囲気が不吉さを暗示し、暗示と圧縮（凝縮）された表現に、コールリッジの詩「老水夫の歌」と多くの共通性が認められるとしている。

「老水夫の歌」と「つれなき美女」の二つの詩は、言葉の用法が散文のそれとは非常に異なっている。語の結び付きの形式、変化に富み繊細な聴覚的特質、詩型とその音声が、詩そのものと分かち難く結びついている。リーヴズは、詩は表現であり同時にその表現の仕方（形式）であると言い、「形式は、詩の本質的な要素であって、意味と切り離すことのできないもの」であるとする。詩における形式と意味の結び付きに、「詩とは何か」の答えがあるとした。詩における形式とは、韻を踏むことではなく、「圧縮と暗示」の言葉の配列である。

リーヴズの「詩とは何か」についての所説は、文体論[12]からの考察であるが、詩の内容は散文や韻文のそれと異なるのであろうか。この疑問について、散文の例として取り上げたエミリー・ブロンテ（Emily Bronte, 1818-1848）の小説『嵐が丘』の物語が、コールリッジの詩「老水夫の歌」と同じくらい恐ろしく悲惨な事件でありながら、それぞれ散文と詩になったのはコールリッジには詩の才能があり、エミリー・ブロンテにはコールリッジほどの詩の才能がなかったからであると言っている。キーツは、詩「つれなき美女」を運命的で絶望的な恋の想いにとりつかれて書いたと言われているが、詩の才能と同じくらい小説の才能があったなら、どちらを選んだろうか。シェイクスピア（Shakespeare, W., 1564-1616）のようにすぐれた詩人であり、同時に劇作家であった例もあるゆえ、表現形式として詩と小説・散文のどちらを選ぶかは、詩人や小説家の才能や好みであって、作品の内容そのものではないことは明らかである。

（2）詩における比喩とイメージ

詩が、リーヴズの言うように「言葉の圧縮」と「言葉の絵画的で聴覚的な特質」により書かれるとするならば、比喩とイメージの使用は、そのための最も効果的な方法と考えられる。それゆえ、詩における比喩とイメージについて考察する必要がある。

①比喩について

比喩は、物事の説明に、これと類似したものを例示する表現様式で、英語の comparison は比較を意味するが、修辞学では比喩と訳されている。修辞とは、言葉を有効適切に用い、あるいは修飾的な語句を用いて表現すること、またはその技術を言っている。ルーイス（Lewis, C. D., 1959）は、『あなたのための詩』の中の「詩の七つの道具」で、詩はいつでも「もの」と「もの」とを比較していると言っている。比喩は、「圧縮と暗示」の詩にとって基本となる言語使用なのである。ここでは、ルーイスの「詩の七つの道具」と安西均（1969）の「詩のレトリック」の所説を参考にしながら考察することにしたい。

ルーイスの言う詩の七つの道具（詩的技術）とは、直喩（simile）、隠喩（metaphor）、イメージ（image）、形容（epithet）、韻律（metre）、押韻（rhyme）、反復（refrain）である。その中でも、直喩、隠喩、イメージは最も重要であるゆえ、ここでの考察の対象とした。その他については、いずれ稿を改めて問題にしたいが、日本語の詩では韻律と押韻の使用は、言語の性格上難しい技術とされている[13]。

②直喩について

ルーイスによれば、直喩とは、単純な場合であっても複雑な場合であっても、二つのものが比較され、それらが互いに照らし合うことで、表現されるものがより明確になるように言葉を並べることであるという。その例として、「朽ち葉がまるで吹雪に火がついたように散っている」（米国の十二歳の少年の表現、深瀬基寛訳）をあげている。朽ち葉の色は火に、風が巻き上げ散る様子が吹雪きに比較されている。二つの語句が、「のような（に）」（like, as）によって結ばれている。日本語では、格助詞「の」や助動詞「（の）ごと」、接尾語的な「みたい」、副詞「より（も）」「もっと」、助詞「ほど（の、に）」などの比較語が直喩の技法として使用されると、安西（1969）は指摘している。詩の直喩には、語や句ばかりでなく詩の連の場合もあり、ルーイスは航空機が一匹の蛾に比較されているスペンダー（Spender, S., 1909-1995）の詩「飛行場附近の風景」の最初の連を例にあげている。

どんな蛾よりも美しく　静かに、
ぶるんぶるん鳴る柔毛をつけた触角で
その巨大な路を薄明をついてさぐりながら
定期線航空機はエンジンを停止してすべって行く、郊外の空を風を指差して高くなびく吹流しを越えて。
おだやかに　ゆっくりとして彼女は降りる
気象図に描かれた気流を殆ど乱すこともなく。

（徳永暢三訳）

安西は、比喩には擬人法、擬物法、頓呼《とんこ》法などがあり、直喩と類似の用語法としている。擬人法は、「花が笑い」、「星がまたたく」「小川がささやく」など、無生物をあたかも人間のように表現するもので、その説明として中桐雅夫（1969）の「擬人法は情の高まった結果、非情のものを自己と同等の有情物のごとく言う法」を引用している。佐藤春夫（1967）の詩「秋刀魚のうた」の最初の詩句も擬人法で書かれている。

あはれ
秋風よ
情《こころ》あらば伝えよ

無生物または抽象的なものに対して、あたかも生き物であるかのように呼びかける頓呼法も、擬人法のひとつである。擬人法の「花が笑い」では、「花が（人のように）笑い」の「人のように」が省略され、頓呼法の「（人のように）情《こころ》あらば伝えよ」では「人のように」が省略された直喩法の一種とみすことができる。

これとは逆に、人（生物）を物にたとえる擬物法の例として、中野重治（1966）の詩「機関車」では、人間（労働者）が機関車に喩えられている（最初の八行を示す）。

彼は巨大な図体《ずうたい》を持ち
黒い千貫の重量を持つ
彼の身体《しんたい》の各部はことごとく測定されてあり
彼の導管と車輪と無数のねじとは隈《くま》なく磨かれてある
彼の動くとき
メートルの針は敏感に回転し
彼の走るとき
軌道と枕木といっせいに震動する

③隠喩について

隠喩は、英語の metaphor（メタファー）で「移しかえる」という意味である。ルーイスによれば、隠喩は一種の圧縮された直喩とも言うべきもので、「ごとく」「ように」の言葉が省かれている直喩で、二つのものが並置されることで、ひとつの意味を持った言葉になるとしている。たとえば、「烈火の気性」（a fiery temper）や「鉄の意志」（an iron will）をあげている。さらに、十七世紀の詩人ウォトン（Wotton, H.,

1568-1639)[14]が「星」を「汝ら大空の庶民よ」と言い、次に「月ひとたび昇れば汝ら何者ぞ」（深瀬訳）と続けるとき、ただひとつの月の光は多くの星を隠してしまうゆえに、星を人間の庶民に喩えていることが理解される。このような隠喩を用いなければ、庶民の姿をこの語数の数倍、数十倍の言葉を用いて表現しなければならず、しかもそれでもなお、その表現は弱く散漫なものとなってしまう。同時に、隠喩の使用は、意味が曖昧で複雑なものになり、読む者の理解を難しくしていることも事実である。

ルーイスは、次のような場合も隠喩であるという。ブレイク（Blake, W., 1757-1827）の詩「無垢の占い」のはじめの部分

一つぶの砂の中に一つの世界を
そして一もとの野の花の中に一つの天を見
君の手のひらの中に無限を
そして一ときの中に永遠を握ること
籠の中の一羽の胸赤こまどりは
全天を激怒させる
山ばとと家ばとでいっぱいのはと小屋は
地獄をその全地域にわたって震えおののかせる

（梅津濟美訳）

この詩の「こまどり」は、単なる鳥ではなく、ひとつの精神的な存在を意味し、歌うことを歓ぶ自由の精神の隠喩であるとする。この「こまどり」の隠喩が、文化と教養に深く根差した言葉であることを知らなければ、この詩は理解できない。

深尾須磨子（1888-1974）の「斑猫」という詩は、詩全体が女の隠喩として斑猫《はんみょう》という昆虫[15]が用いられている。

斑猫です、
南の国の夏の日ざかりに、
甘え、ふざけ、こびる斑猫です、
色の主題はとりあつめた焦点の黄色で、
とり合わされるのが濃青と、臙脂《えんじ》と、
そして紫です。

斑猫です、
誘っては逃げ、誘っては逃げ、
たくみに身をかはし、身をそらし、
とらへようとする手の尺ばかりを、
つねに先がけ、

つねにあとしざり。

斑猫です、
花よりもきれいな、
宝石よりも美しい、
そのくせとらへ手に死をあたえる、
恐ろしい、しかしただ一匹の昆虫です、
うまくつかまえて襟飾りにでもして下さい。

安西は、隠喩は比較対象の直観的な結合から生まれ、直喩のような比較のための言葉を持たない表現様式であるという。この隠喩をさらに、死隠喩、擬隠喩、詩的隠喩に分け、死隠喩は日常語化してしまい隠喩としての働きが失われたもの（たとえば、春の訪れ、冬将軍など）、擬隠喩は日常語化していないが、詩に用いても隠喩本来の働きが弱いものであり（たとえば、高原は招く、山の呼ぶ声など）、詩的隠喩が詩において隠喩本来の働きを現すものであると言っている。

この他に、隠喩のひとつとして、安西は引喩をあげている。自作の詩「業平忌」を例に、次のように説明している。

―はや船に乗れ　日もくれぬ

「時の渡し守」にせきたてられて振り返る
萎びた円錐の世界のいただきに
五月の古い雪の光るのがみえた

この詩は、王朝の詩人在原業平をモデルに、政争に失脚した孤独な男が都をすて、詩人として永遠の漂白に生きる決意をしたと解釈して、それを詩人の普遍像として描こうとしたものである。「はや船に乗れ日もくれぬ」は原典そのままの引喩である。隅田川の渡し守を「時の渡し守」としたのが、引喩と同時にいわゆる隠喩の手法であると言い、「時の渡し守」は、「永遠とか時間とか、それを司る者。過去から未来への水先案内《パイロット》。あるいは歴史の流れを横断して、彼岸へ運ぶ者。そういうさまざまな映像《イメージ》を（説明せずに）隠しているから、これは隠喩ともいえる」としている。そして、「萎びた円錐の世界」も「いただき」に見えた「古い雪」も、古い社会体制とそこにあるピラミッド型の階級社会の隠喩として用いられている。この隠喩の成功・不成功は、読む者の判断に委ねられると言っている。

西欧の詩には、引喩（隠喩）が頻繁に見られる。たとえば、キーツの詩「つれなき美女」の一節

彼女は甘い草の根や
野生の蜜や甘露を探してくれ、
異様な言葉で私に囁いた、
「わたしは貴方を愛しています――心から」と。

（平井正穂訳）

この詩の甘露は、コールリッジの詩「クブラ・カーン」の「彼は甘美な神酒を飲み」に、旧約聖書「出エジプト記」の神与の食べ物、霊の糧「マナ」に由来している。

安西は、比喩の意味を拡大解釈すると、象徴《シンボル》、寓意《アレゴリー》（諷喩）、映像《イメージ》も、そして反語《アイロニー》、誇張、擬声語《オノマトピア》なども比喩的表現の一種と言うことができるとしている。草野心平（1967）の詩「春殖」の蛙の声「る」は、擬声語を超え、音感と字感（文字の形象）がひとつになった隠喩とみることができる。

るるるるるるるるるるるるるるるるるるるる

「る」は、一頁一行に入るだけ書かれ（二行に亘ってはならない）、それゆえ詩集『第百階級』では二〇、『蛙抄』では三九、『日本詩人全集』では二四、『創元選書』では二七など異なっているが、それで充分であるという[16]。

隠喩は、詩のイメージを広げ、豊かにし、新鮮さをもたらすが、同時に他の人にとり意味不明な言葉の羅列になってしまう危険性もある。死隠喩や擬隠喩を避け、新鮮で斬新な詩的隠喩の使用は、詩人の才能に依存するのかもしれない。加藤隆（2006）は、直喩が共通性（属性）の発見であるのに対して、隠喩は意味の発見・創造に関わるとしている。その例として、中原中也（1907-1937）の詩「汚れつちまつた悲しみに」の一節をあげ、「悲しみは、狐の皮裘」という表現は、すぐれた詩人にしかできない隠喩であると言う。

汚れつちまつた悲しみに
今日も小雪の降りかかる
汚れつちまつた悲しみに
今日も風さえ吹きすぎる
汚れつちまつた悲しみは
たとへば狐の皮裘《かはごろも》
汚れつちまつた悲しみは
小雪のかかつてちぢこまる

「山羊の歌」所収

アリストテレスによれば、比喩使用の能力は詩人の生まれながらの才能の証であり、言葉の巧みな転用である比喩は、事物の間に類似性を見出すことに他ならない。[17] それゆえ、比喩(直喩と隠喩)の発見と使用は、自己の認知構造の変容なくしては生じ得ない。そして、比喩を読み解くためには、それまでの認知構造を変化させなければならない。

④イメージについて

ルーイスによれば、詩の言葉は科学の用語に劣らず具体的で明確に使用されており、曖昧でも漠然としたものでもないと言う。そうでなければ詩から新鮮で鮮明な印象が得られないばかりか、詩に感情の細やかな味わいも出すことができない。そのために、詩人は、詩作においてしばしばイメージを用いることになる。イメージとは、詩人の想像力によって描かれた「言葉の絵」(word picture)と言うことができるとしている。

その例として、ルーイスは、トマス・ナッシュ(Thomas Nashe, 1567-1601)[18]の詩「悪疫の時にあいて」の中から次の詩句を引用している。

光るもの地に堕ちて
姫君もみなみまかりぬ
土はヘレナの瞼を埋ずめ―
われは病み、わが命きわまりぬ

(深瀬基寛訳)

はじめの三行はいずれもひとつのイメージを形成しており、日没を見て悲しい気持ちになり、若くして死んだ美しい女王たち、そして絶世の美女トロイのヘレナを思い、その後に死に対する恐怖と美しい者が滅んでいく悲しみを表現しているとする。この詩で用いられている言葉は少なく、短く、そして普通の言葉であるにもかかわらず、選び抜かれた言葉による「絵」は新鮮で鮮明なイメージを形成している。

中桐雅夫（1969）は、「あるものをことばで写しとって相似のものをつくる」「ことばで織り成された、あるものの絵」がイメージであり、その意味で「イメージは言葉の絵」であるという。その例として、北村太郎（1922-1992）の詩「朝の鏡」の初めの部分をあげている。

朝の水が一滴、ほそい剃刀の
刃のうえに光って、落ちる―それが
一生というものか。不思議だ。
なぜ、ぼくは生きていられるのか。曇りの日の
海を一日中、見つめているような
眼をして、人生の半ばを過ぎた。

この詩において、「ほそい剃刀の刃」は、ひとつのイメージであるが、「刃のうえに（水が）光って、落ちる」とイメージが重なり、「曇りの日の海」は「見つめているような眼」のイメージと重なり、そしてこの二つのイメージの重なりは詩人にこの詩を書かせた感情を、人生の半ばまで生きてきた男の生き方を鮮明にイメージさせることになると言う。詩におけるイメージの統一性・一貫性が保たれているためである。この最初の連は、最後の五連で「不思議だ」が「残酷だ」に、「曇りの日の」が「嵐の」に換えられて繰り返されている。

このような「言葉の絵」が描くイメージは視覚的であるが、詩の中には聴覚、味覚、嗅覚、触覚などの

感覚に訴えるイメージがあり、中桐はキーツの詩「聖アグネス祭の前夜」には、これらのイメージが豊かに用いられていると言う。たとえば、「消えかける音ながら彼の耳を驚かす―」は聴覚の、「ラベンダーの匂う柔らかな純白のリネン」は嗅覚と視覚の、「あらゆる薬味を加えたおいしい食べ物だ」は嗅覚と味覚のイメージである。しかし、視覚以外の感覚のイメージも、詩においては言葉によって書き記され、目に見えるもの（視覚的対象）を媒介として知覚される。それゆえ、イメージは本来的に「言葉の絵」と考えられる。ただし、中桐の言うように、このように考えることが視覚に重点を置きすぎるとしても、詩が言葉で書かれ、その言葉を読み、そしてイメージを描くゆえに、イメージとは「言葉の絵及び絵が喚起する感覚」と言うならば、より正確になると考えられる。

詩が「圧縮と暗示」によるものであっても、鮮明さや明瞭さを欠いてはならないゆえに、イメージが用いられることになるが、中桐はイメージの効用を感覚的明瞭性と感情的経験にあるとしている。同時に、イメージのない詩は存在し得ないのかという問いに、エリオット（Eliot, T. S. 1888-1965）の長詩「四つの四重奏」のバーント・ノートンの最初の部分をあげている。

現在と過去の時が
おそらく、ともに未来にも存在するなら
未来は過去の時の中に含まれる。
すべての時が永遠に現存するなら
すべての時はとり返しが出来ない。

あり得たものは一つの抽象されたもので
ただ思索の世界にしか
永遠に可能なものとして残るだけだ。
あり得たものも、あったものも
一つの終りを指さす、それは永遠に現存する。

（西脇順三郎訳）

確かに、この詩の最初の連には感覚的なイメージがひとつもない。しかしながら、次の連から、詩は豊かなイメージにより書かれている。前の連に続く八行を示した。

足音は記憶に反響する
開けたことのない薔薇園への出口にある
通ったことのない廊下に
反響する。私の言葉は反響する
そんな風に、あなたの心にも。
　　だが何のために
薔薇の花びらを入れたボウルの上にたまった
　塵をかき乱すのか私にはわからない。

（西脇順三郎訳）

中桐は、イメージは感覚に訴えるが、詩は理性に直接訴えることもでき、詩人は、通常、感覚と理性の双方に訴えかけるものとして詩を作ると言っている。

3　詩作の動機づけ

詩人は、なぜ、どのようにして詩を書くのか。この問いについてさらに、日本の現代詩の代表的な詩人が自分の詩の詩作過程について記述したものを手掛かりに考察したい。

はじめに、日本における近・現代詩とは何かを、およそ概観しておく必要がある。日本には俳句や短歌のように一定の形式をもった伝統的な詩はあるが、西欧詩のような詩型の詩はなかった。日本における近・現代詩とは、一般に西欧の詩のような詩型で書かれた詩を言っているが、しかし西欧詩のソネット[19]のような形式もとらず、頭韻も脚韻も踏まない、いわゆる自由詩型により書かれた詩を意味している。

この自由詩型がなぜ生まれてきたかについて、大岡信（1970）によれば、詩人たちが、「昔ながらのリズムにしたがってはもう詩は書けない」と自覚したからであり、「人間の内面意識が形づくるいろんな動きというものが、既成の枠内では、おさまりがつかなくなった」からであった。「人間の内部に押さえがたく始動しはじめた諸観念や、諸情緒といったものが猛然と沸騰するようにわき上がって、それを表白すべき形を要求する」ようになったためである。それゆえ、自由詩型は、近代人による自我意識の覚醒の結果であり、その出発点はヨーロッパの象徴主義の詩にあることは広く認められている。以下の考察において、自由詩型で書かれた近・現代詩を詩と呼ぶことにしたい。

詩人がその詩を「なぜ」「どのようにして」書いたのか記述したものを集めて考察するならば、たとえ詩作過程の一部についてであっても、詩作の動機づけ[20]を解く手掛かりになる。詩人が自分の詩について語る内容が真実であるという保証はないし、知りたいことが全て書かれているとは限らない。また、詩の作者であるゆえに意識されないものもある。しかしながら、詩人による自分の詩の詩作過程の記述は、その虚実にかかわらず、詩人自身の心的過程の記述であるゆえ、心理学的考察の有力な資料となりうる。

西脇順三郎・金子光晴監修『詩の本第二巻　詩の技法』(1967) の「私の作詩法」に、草野心平、北園克衛、田村隆一、黒田三郎、長谷川龍生、黒田喜夫、関根弘、吉岡実、岩田宏、石垣りん、長田弘の十一人の現代詩の詩人が、自分の詩の詩作過程について書いている。[21] そこに取り上げられている詩は、それぞれの詩人にとって代表的な詩、あるいはその後の詩作の出発点になった原型とも言うべき詩である。ここでは、宋左近 (1968, 1970) を加えた十二人の詩人について、その詩が「なぜ」「どのようにして」書かれたのか、詩人の言葉から詩作の動機づけをみていきたい。

(1) 草野心平 (1967) は、『冬眠』という詩集で、見開き二頁の白紙に黒丸●ひとつしかない作品について、次のように書いている。ある冬の朝、ガタピシの下宿の二階の部屋の障子を開けると、真っ白い雪がつもっていた。「ふと私の意識に生まれたのは土の中に眠っている蛙だった。白のなかのタドンのような黒いまんまる」として、蛙はイメージされた。寒さと貧乏のさなかにあった自分の孤独と白い雪の中で

「ちぢかんで丸まってる」黒い蛙の二重写し（ダブルイメージ）が、はっきり、あるいはぼんやり目の前に映った。そのときの私は、詩が言葉の文学であることはわかっていたが、これはもうこれ以上は書けない。この●でいいんだと断定したと書いている。

（2）北園克衛（1967）は、「私の詩は、新しく組たてられた感覚、敬虔、思考の装置である」という。詩は、「頭のなかで炸裂する思惟と形象の融合物としてのヴィジョン」にしたがって、言葉を並べていく。そのヴィジョンのまわりに湧き上ってきたすべての世俗的な、また文学的な要素を完全に省略すると、詩「白のアルバム」のような単純な詩ができあがるという。

白い食器
花
スプウン
春の午後3時
白い
白い
赤い

（3）田村隆一（1967）は、「腐刻畫[22]」という散文詩について、「腐刻畫」という言葉、文字に出会った瞬間、「ぼくの内部に渦動している未分化のものが、暗緑色のイメージをつくりだし、ひびきと色彩をともなって」、あのような「詩」の形になったという。この言葉に、いつ、どこで出会ったかはっきりしないが、その時の感動の「いたみ」だけは明確に残っていると言う。この詩は、詩を書くという「激しい意識」を持った最初の詩であり、その後の詩集『四千の日と夜』の原型になった詩であった。詩を書くという「詩人の危険にみちた旅は原型の発見とその再発見であり、同時に彼自身の原型への闘い」であるとしている。

腐刻畫
ドイツの腐刻畫でみた或る風景が　いま彼の眼前にある　それは黄昏から夜に入ってゆく古代都市の俯瞰図のようでもあり　あるいは深夜から未明に導かれてゆく近代の懸崖を模した写実畫のごとく思われた
この男　つまり私が語りはじめた彼は　若年にして父を殺した　その秋　母親は美しく発狂した

さらに、田村（1970）は、何かに触発されて詩の標題（タイトル）が浮かぶと、詩の九九パーセントが出来上がったようなものだという。詩を書くということは、「不分明の感情を、分明なものとし、はっきりと眼に見せ、はっきりと耳にひびかせ…（それらに）明確な形をあたえる」ことであり、詩人自身にとっても詩を書くことではじめて可視的（ヴィジブル）なものとなると言う。詩の標題は、曖昧な形でしかなかったイメージに核を与え、形象化させると考えられる。

（4）黒田三郎（1967）は、「詩はつくるものであると同時に生まれるもの」であり、どの詩も「生活の歪みから生まれています。作者である僕の念頭から、その歪みははなれることがありません」と言う。婦人雑誌のグラビアに付けた詩「紙風船」であっても、「僕の書いたどの詩にも僕の生活がしみるようににじんでいますので、そういう詩をよむといまでも心が痛みます」と言い、自分が抱えている問題自体は、社会的にも自分の中でも決して解決されていないからだと言う。

（5）長谷川龍生（1967）は、「何ものをも信ずることができない、自分自身をも信ずることができない不幸な魂、ほんとうに、こんな弱い魂の持ち主、生きることの資格に最初から欠けているような空洞人間。…いっそのこと、狂ってしまった方がいい、発狂してしまえ！　そのような痛切な願望が、頭脳の芯からしぼり出されてきます。ほんとうに、この私は、どうして生きていったらいいのだろうか…」。このような状況にあって人間らしく生きる努力が、不安や悩みと一緒になって詩の発想の契機を作り出していると言う。発想は、ある瞬間に、突然にやってくる。それは「待ち構かまえていた駅馬車が、私の詩のフィールドの一本道を砂塵をあげて迫ってくるように、私の観念の眼の中にとびこんでくるのです」と言っている。ある映像（イメージ）が、なぜ観念の中に突然飛び込んでくるのか説明できないが、詩（作品）が出来上がってから、その理由が次第にわかってくるとしている。

（6）黒田喜夫（1967）は、「空想のゲリラ」という詩が、その頃夜ごとに見た夢からの発想であり、その夢は故郷を離れ、生活上も思想上も再生を計ろうとしていた現実と深く関わってできた詩であると言う。詩の基底に「果てしなく異郷を歩いている果てしない寂しさの感覚」とでも言うべきものがあった。それは、子どもの頃、遠足で疲れきった帰路、路の傍らの集落に灯りが点々とつきだし、人や生活の気配がありながら、「その人たちは見知らない人たちであり、見知らない村であり、そこを歩いているということが、言いようのない寂しさを感じた」体験であった。現実と過去から投射された分離できない体験が、詩の基底にあると言っている。

（7）一九二〇年生まれの関根弘（1967）は、大平洋戦争敗戦後の日本の政治的社会的混乱の中で「社会主義リアリズムの道[23]」を求め続けた。「無意識の世界、それは自分のなかの他人の意識であり、いいかえれば大衆の意識」であり、無意識の夢の世界が寓意を孕んでいるのに気づき、寓意的方法は超現実から現実への通路ではないかと考え、詩作の中心においた。そして、「現実が寓話的なのではなく、寓話が現実的なのである」とした。最初の詩集『絵の宿題』の中の「絵の宿題」という作品は、マザー・グースを念頭において書いた詩で、この頃はフォークロア（民間伝承）の世界と夢の世界（無意識の世界）が一致するという明確な意識を欠いていたが、その後は夢の世界を単純になぞるという方法をやめて、かなり意図的に寓話を目指すようになったという。戦後民主主義への懐疑と絶望、民衆への希求が、詩を作らせていたと考えられる。

（8）吉岡実（1967）は、詩が出来上がると、草稿的なものや書き損じなどの全てを棄ててしまうので、「今日に至るまで、自己の詩の発想からその形成過程を、反省したり、また自解的なものを書いたこともない」と言う。しかし、詩作過程について全く述べていないわけではない。手帖を待たず、街角でふいに素晴らしいと思える詩句なり意図が泛《うか》んでも書き留めたりしない。もし、それが自分にとって本当に必要なものであるならば、それは再び現れて来るに違いないと信じているからであると言う。詩を書くときは、家の中で机に向かって書くべき姿勢で書き、「冷静な意識と構図がしずかに漲《みなぎ》り、リアリティの確立が終わると、やがて白熱状態が来る。倦怠が訪れる。絶望がくる」。そして次々と連想が広がり、生じてきたイメージをそのまま言葉に定着させる。このようにしてできた詩には、できるだけ手を入れない。推敲は、作品を磨くという行為にみえるが、常識的で平板なものに改悪する危険性があると言う。

「苦力」という詩は、旅先の山間の旅館に泊まったとき一夜でできた唯一の詩である。その夜、「夜が更けるにつれ、水の音だけが聞こえるうちに、耐え難い孤独感というより、無気味さに眠られぬ状態になった。目の前の崖上に廃屋の窓が見える」。その夜の光景が、兵隊として四年間を過ごした満州（中国東北部）の体験を思い出させ、詩が生まれた。そして、「私の詩の中に、大変エロティックかつグロテスクな双貌があるとしたら、人間への愛と不信をつねに感じているからである」と言っている。

（9）岩田宏（1967）は、一〇年ほど前、親友のひとりに「お前は生きのわるい江戸っ子だ」と言われたこと、砂川で学生が警官に警棒で殴られ、頭蓋陥入で入院し、何を尋ねても「ケケ…」と言って涙を流すだけの息子の看護をしている母親が、「今後は息子と違った意味で」この砂川の事実を知り合いの人たちに伝えたいと言ったこと[24]、この事実を報道したのは『前進』[25]のみであったこと、屋上のビヤホールで友人が自分の生命保険の証書を見せてくれたこと、これらが「沈黙は金」という詩を書かせたと言う。

推敲の過程で、江戸っ子も大事な一行である「警棒の下に頭蓋は陥没する」という言葉も消えてしまったが、これは負債となって私に残ったと言い、詩を作るということは、「必ずしも解放感を伴う行為ではないのだ。時には、自分から解き放ったものよりも、負債として新たに背負ったもののほうが遥かに多かったりする」と言っている。「沈黙は金」という詩の最後の四行には、深い挫折と絶望感が感じられる。

わたしはみなさんと同じ人間
けれども使うことばが違う

使うことばは同じだけれど
みなさんとはまるで違う人間

（10）石垣りん（1967）は、アメリカから原爆被災者の写真の発表が許可された年のある日、明日は広島に原子爆弾が投下された八月六日、職場の壁新聞に原爆被災の写真を出すから、写真に添える詩を今すぐ書いてくれと言われる。はじめて目にする被爆者の写真に非常な衝撃を受け、叩かれて「ネ（音）」をあげるような思いで、そうした音をたてるものを、とにかく両方がぶつかりあって発生した言葉を書いたという。それが、「挨拶——原爆の写真によせて」という詩であった。

「自分の内面にありながらはっきりした形をとらないでいたものが徐々に明確に出てくる、あらためて自分で知るといった逆の効果が、詩を書くことにはあるようです」。「家出のすすめ」という詩は、真夜中、意図しないのに突然意識に出て来たといい、「家は地面のかさぶた」というイメージが浮かぶと、連想が活性化し、「おや？　と思うまもなく、次々と言葉がさそい合い、連れだって私の前にあらわれた」という。最後の一行まで言葉が揃うと言葉の湧出は静止したが、その間、呼吸のようなものがあるだけだった。

（11）長田弘（1967）は、詩を書こうとするとき、「じぶんは未知の何かのまえにいま立っているのだという、密かな希望と恐怖に涵たされた、明晰なそれでいてひどく不透明な切迫した感覚が、わたしを襲う。いつだって、ふいに」。そして、詩を書くということは、「既知の秩序から未知の秩序への越境」なのだという。

映画『風と共に去りぬ』のレッド・バトラー役を演じたクラーク・ゲーブルは、若い妻が彼の初めての子を孕んでいたことを知らないままに死んだ、という新聞記事を見つけた。そのとき、ひとつの死とひとつの誕生の「微妙な交叉と暗号」は、「複雑なけれど決定的な詩的動機をはぐくむひとつの契機をみちびくものだった」という。二十二歳だった長田は、何度も、死についての感情と思考の入り組んだ螺旋階段を昇ったり、降りたりした。そして、はじめて自分の詩を雑誌に発表した。生と死への懐疑と恐れが、おそらく青年期の心理的特徴と混じり合って、その詩が書かれたと思われる。

(12) 宋左近(1970)は、詩「炎える母」の詩作過程について次のように言っている。「まず、ぼくの中に、ひしめいている一つの沈黙があります。その沈黙は方向ももたないし、動きの法則ももたないけれども、しかし何ごとかをそそのかしてやまないわけです。そういう時には、どうしようもないから、ただ沈黙の波の中に揺られているんですが、すると、ぼくの中のさまざまなものが、遠くから泡立ってくるような思いがします。それは母親といっしょに住んでいた父親の声であったり、咳ばらいであったり、母親のそろばんをはじく手の動きであったりというふうなものです。…そういう声がいろいろざわめいてきて、ぼくはそのうちに、その声の中で揺られているのに耐え難くなってしまうんです。そして、ついにはその一つ一つの声なき声に今度はことばとしての声を与えないと、どうにも落ちつきが悪くなってしまい、それでことばを与え出したってわけなんです[26]」。そして、言葉を並べていくうちに、さまざまな声なき声が、次から次へと言葉になっていくという。この場合、何を詩に書くという意識はなく、あたかも意識下の原体験のようなものが浮かび上がってきて、詩人はそれらを言葉に置き換えている。空襲の火の中で母を亡くしたという体験が原体験なのである。

また、宋(1968)は、詩「河童」の詩作過程について、「カッパ」という言葉が前触れもなくフッと浮かんだのは、橋を渡っているとき急に大きなトラックが来て、橋が揺れ平衡感覚が破れアッと思ったときである。そのとき思わず「カッパ」という言葉が出てきたという。その後、この「カッパ」が折に触れて何回も出てくるようになり、詩を書かせるようになったと言っている。「カッパ」はもちろん何かの象徴《シンボル》であるが、この言葉に巡り会わなければ、詩はできなかった。そして、詩を書かせる言葉とは、自分が日常生活の中で逃げている言葉であり、逃げようにも逃げられない言葉である。そんな言葉に執拗に追いかけられている。日常生活の中では到底処理できないもの、執拗に自分を追いかけてくるものが詩を書かせているという。詩は、自分の中に生まれてくるものに形を与えたものなのである。

＊

現代詩の十二人の詩人に詩を書くように動機づけたものは、その時詩人が置かれていた次のような状況であった。蛙の「冬眠」は寒さと貧乏の中での孤独(草野心平)、「白のアルバム」は頭の中で炸裂する思惟と形象(北園克衛)、「腐刻画」は自分の内部に渦動している未分化なもの(田村隆一)、「紙風船」は生活の歪み(黒田三郎)、詩の名は記されていないが不安と悩み(長谷川龍三)、「空想のゲリラ」は果てしない寂しさの感覚(黒田喜夫)、「絵の宿題」は戦後民主主義への懐疑と絶望(関根弘)、「苦力」は兵隊として過ごした満州での苛酷な体験・人間への愛と不信(吉岡実)、「沈黙は金」は砂川事件での挫折と絶望感(岩田宏)、「挨拶――原爆の写真によせて」は初めて見た原爆被災者の写真から受けた衝撃(石垣りん)、詩の名は記されていないが死についての感情と思考（長田弘）、「炎える母」は空襲の火の中で母を亡くした体験であり、「カッパ」は日常生活の中では到底処理できないもの（宋左近）であった。

これらのネガティブな感情が支配する状況や状態とその体験は、衝動となって詩作へ動機づけている。詩人は、自我の損傷や崩壊に直面して、自我を維持するために詩を書かざるを得なかったと考えられる。詩を書くことによって、フロイトの言う「耐えられない悩みを耐えられる悩みに変える」ことが試みられている。そこには、自分を納得させる努力はあっても、詩を読む者に理解と共感を得ようという気配がほとんど感じられない。しかし、詩の言葉は、ある普遍性を表現しているゆえに、読む人の心に共感を生じさせ、詩の意味を心情において分かる（了解する）ための努力を確実に生じさせている。

4　詩作過程の事例——大岡信「わが夜のいきものたち」

詩人大岡信（1968）は、自己の内面から浮かび上がってきた言葉をそのまま書き連ねて詩にするのではなく、自分の記憶や「影像の海」に何回も潜らせた言葉を用いて詩作すると言う。その言葉が「なぜ」心に浮かんできたか解らないが、「いかにして」現れたかについてはある程度説明できる。それゆえ、自分の詩の詩作過程については語ることができるとする。大岡は、雑誌『文学』（第三六巻、1968）の「言葉の出現」の中で、自分の詩「わが夜のいきものたち」の詩作過程を詳しく記述しており、この論考は詩作過程の研究にとってきわめて貴重な資料である。

ている。

大岡は、詩「わが夜のいきものたち」の原型とも言うべきものが生じてきた状況を、次のように説明している。

ある日の夕刻、薄暗くなって行く部屋の中で夕日を背に、自分の影に沈めるように一冊の古ぼけた写真集を見ていたときのことであった。「(自分の)内部から言葉が妙な具合に湧きたっている気配」を感じた。それは、「この写真集(風景写真ではなく、超現実的な、合成写真のようなもの)から呼び起こされるイメージに言葉を与えたいという欲求のあらわれだったと思う。…次々に生起しては消えてゆくイメージの流れと一体化した言葉の流れを定着したいという欲求」であった。このような状況の中で、瞬間的に知覚したものを、すばやく言葉に置き換えて書き記した。言葉は、ある場合は何行も何十行にも、ある場合は一行も書けなかった。写真の細部が明確に識別されるようになったら次の頁に移った。一つひとつ言葉の間には全く脈絡がなかったが、一八七行の詩の原型ともいうべき「断章」が一時間ほどの間に得られたという。

自分自身にとってさえ新しく啓示的と思われる言葉は、自分の意識下、無意識から無媒介に溢れ出てきたものではなく、写真というイメージの「醸成装置」が介在してこそ、内面の言葉が偶発的に清新な姿で表層に現れて来たという。しかし、自分の内部から次々と溢れ出てきたイメージも一時間程で消え、概念的な言葉が浮かんで来るようになり、詩につながるような言葉は生まれなくなり、イメージを生み出す力が次第に薄れていったという。「断章」は「時は涯《かぎり》ない/時はないから」の二行の詩句で終わっている。この最後の二行について、大岡は、「祈願とも呪文とも信念とも認識とも断言肯定ともつかない、しかしぼくには豊かな含蓄をもっているように思われる言葉がしるされると同時に、もはやぼくの眼と手は、イメージと言葉の付着現象を追いかける力をなくしてしまったのである」と言っている。

このような状態は、この章の「1　詩とは何か」で考察してきたように、ヴァレリーが詩的状態とよぶ感情状態に極めて類似している。偶然に生じ、はじめは弱いが次第に強くなり、詩人の心を激しく揺さぶるようになるが、その状態は長くは続かない。弱まり消え去ったものを再び呼び戻すことはできない。このような状態において、言葉、観念、イメージがさまざまな形をとって現れ、感情と言葉の新しい、予想さえしなかった結合が生じる。日常の些細な出来事や光景が契機となって詩的感情状態は生じるが、そのためにはなんらかの準備性（レディネス）がなくてはならない。大岡にあっては自己への深い懐疑であったことが後に記されている。

大岡（1969）は、その後、この一八七行の詩の原型（断章）が、自分にとり何を意味しているのか検討した。「…でない」「こうあってならない」という否定語やそれに類した言葉が多くみられたゆえに、心理的に閉ざされていたそのときの自分を的確に表しているとした。この「断章」を基にして、もうひとつ別の詩を作ってみようと思い、できた詩が「わが夜のいきものたち」であった。

大岡は、「言葉の出現」において自分の詩の言葉がどのようにして出現し、どのように定着していったかを、浮かんできたイメージを忠実に書き留めることで（誤記もそのまま）、出現した言葉については自分の記憶や体験に手掛かりを求めることで示そうとした。この論考は、詩作過程の考察にとってきわめて貴重な資料と考えられるが、「断章」（一八七行）も「詩」（一三〇行）も長いので「断章」は全体の約三分の一を、「詩」は二分の一を引用することにした（断章では写真集の頁をめくる毎に一行あけている。断章の数字は行数を示す）。

断章

訪問者は問う
轢死体の在りかはどの海かと
太陽は白亜の円形劇場のうしろ　藁屋根の中に
　あり
一匹のハイエナの摩滅した歯が回想する
弦は匍フク運動を繰返し
古典的な唸り声が美声を深める
ささの葉さらさら　夏の氷の欲しさよ
みごとな落石は氷河を薫らす
旗よ　血よ　城よ　したたれ
通信は今　咆哮する森を通過する
信仰は未来にある影のごときもの
女の心臓の音ほどには私は笑わない
河が切断されるのはやさしい歌によってではない
ライフはイフによってつながれた騒音
沈黙は空にのぼる
吐息は地上に横たわる

詩「わが夜のいきものたち」

1　女が訪問する

夢の巨きな握りこぶしが招き寄せる
昼に先導されたひとつの影深い下半身
夜の微光は訪問客の胸のふくらみに溜り
水は空にたたえられて
訪問者の沈んだ眼窩に時をおいてしたたる

≪一匹のハイエナの
摩滅した歯が私を回想しています
でも私は　自分が轢死体だったと思いますわ
溺れていたところを救われたんですもの
薔薇の花が好きな人なら
私が岩を薫らせるほど美しい赤ん坊であることを
きっと信じてくださるでしょう
円盤状の地球では
すべての四角いものはお尻の柔らかい曲線

子供は恐れる　水洗便所を
アネモネよ　秋をひろげよ
森よ　市街に鼓動を与えよ
私はやってくる過去の轟き
歯痛は全身に
古典的死人の威厳
断腸のくさりの空
雑音は動物の咆哮にも金管楽器にもある
キラキラと輝く死体が歴史のいらかをつくる
だが腐敗こそ地の豊かさのあかし
祈りはわが手の中にない
時計はめぐる星晨に支配されよ
この時　唄だけが貫流する
握りこぶしは招く
唇に先導された一個の暗い下半身を
プールは涸れている
夜の微光は訪問者の胸のふくらみにただよう
影が横切る　白い梯子を

　よりも不安定で
撫でるにも努力を要します

一つの通信が
咆哮する森をいま通過していますわ
それは信仰とよばれる剃刀の歯で
未来にうっすら影を落としながら
心臓のもっとも柔らかい部分にかみついている
とても遠い封筒に書かれた読めない宛名です

巨大な暗いものにかみついたあと
歯痛は全身に棘を噴き出させます
それを踏んで歩けたら
あなたはその暗いものの中へ
入っておいでになれるでしょう
断腸のくさりの空を渡ってね
でも女の肉を知る前に死んでいった革命家の少年たちが
雁のように連なって羽根から霜をふりまきながら
ロベスピエール！

水はたたえられて
沈んだ眼窩の頂きを指す
突きだされた指は訪問者の腹に食い入り
背後で悪意する眼が合図する
殺戮は準備され　雲は明るく垂れる

遠くなるゴム状の頭蓋
みよ　騎士はたしかに獲物を仕とめた
二つの鏡を
眼はのぞく　白砂に埋もれた隆起する乳房を
騎士のふんどしは　その胸毛と釣合う
波うちつづく黒い砂漠

私はなぜ
私はなぜ
私はなぜ撫でている
私はなぜ　なめている
一個の円盤状の郵便箱を
歴史の封緘紙を

ロベスピエール！
と鳴きかわしている谷間で
きっとあなたは敬虔をよそおいながら
怖れにしゃがみこんでしまうでしょう

アネモネよもっと秋をひろげておくれ

そうです子供は水洗便所を恐れます
溢れる水は恐ろしい
ライフはイフでつながれた騒音です
鉄砲水は向こう見ずに沈黙へ向かって走るので
とても不安を感じてしまいます
金管楽器と動物の吠え声を結びつけるのは
作曲家の巣箱にみちている騒音です
そこにみんなは人間的な音を感じるのです
　よく知ってますわ

きらきら輝く屍体が歴史のいらかをつくっているので
歴史は生きた建物にみえますが

丸い吸盤のある砂漠の塔
ちらちら輝く信号灯
銀河よ　さらに輝かしくあれ
わが墓の埋もれる日

圧倒的な頭部が進む
風にさからって　なぎさまで
眼球はすでに一個に集約され
髪は白い風の渦
フライパンは幹にかけられ
剣はタイルの上に横たわる
浮上せよ　砂の風紋
浮上して　空の帯どめとなれ

釣道具は日曜日の武器
眼鏡は要らない
　太陽は要る　そして水も

それはすべての生きものが
腐敗してはじめて浄らかな元素にかえるのと
同じことだと思いますわ

人間は腐ることができるので
単純な元素にかえることができるの
ナイロン製品ではだめ
笹の葉さらさら　六月氷のほしさよ
　　　　　　　　四月なすびのほうしさよ
　　　　　　　　十月とんびのほうしさ

祈っても無駄でしょうか
無駄ですわね》

このとき
闇から突きだされた指
つつましいこの訪問者の腹をねじ切るように締めつけ
背後で悪意ある眼が発光する
殺害は準備され

足よ　何という曲線の旅
眼よ　足を導く何という宝石
ひだよ　肉体の夕暮れ
二羽の鳩が　くちばしでさわやかな夜を
つまみあげる

ひそんでいる男が
鍵穴から姿を現わすと
うしろで裂ける闘牛のあばら

雲は明るく垂れる
《朝がまた　やってきたのね　あなた！》

多くの詩人と同じように、大岡の詩作過程もある状況、夕日を背にぼんやり写真集をながめているという意識水準の幾分低下した状態に誘発・誘導されるように、自己の内面・無意識の領域から湧き上がってくる衝動とイメージが言葉に置き換えられ、断片的な詩の原型が作られている。イギリスの詩人コールリッジにも同じような詩作過程がみられ、わずか五四行の詩「クブラ・カーン」を「夢でみた幻想――断章」と言い、夢の中であらゆるイメージが「実体」として眼の前に現れ、それを詩と言ってよいならば、二〇〇～三〇〇行の詩が作られたと言っている。[27] 目覚めた後に、その断章を詩の技法を用いて詩にしている。

これまでも述べてきたように、詩作過程の初期に見られる特異な詩的感情状態が生じるためには、詩人の内面に何らかの準備性がなくてならない。過去の体験や記憶は準備性の重要な要素であると考えられるが、それらの体験や記憶がすべてではない。本章の「3　詩作の動機づけ」で考察したように、現在を生きている自分についてのさまざまな懐疑や疑問、喪失や絶望の激しい感情体験は、詩的感情状態の準備性を形成すると考えられる。この詩的準備性は、希求し渇望する心的状態であり、大岡は「断章」が書かれたときの自分の状態を「心理的に閉ざされていたそのときの自分」と表現している。

大岡は、「断章」について、次のように書いている。この「断章」は脈絡のない断片であるが、自分の無意識の領域から浮かび上がってきた記号と解すべきものであり、自分の内面の何かのイメージが暗示されていると思われた。そこに、何か悲劇的なものを予感させる「訪問者」、「殺戮」されるらしい「訪問者」とは何者なのか、鍵穴から姿を現わす「ひそんでいる男」とは何者なのか、と自分自身に問いかけている。このようにして断章群を一度解体し、再び構成し直すという作業に取りかかる。その結果、大岡は、「訪問者」は「ぼくの中の一人の女として形をととのえはじめ」、「ひそんでいる男」は「ぼくの中の一人の男として形をととのえはじめた」と言う。それらは、「ぼく自身ではないが、しかし依然としてぼくの内面を形づくっているものたち」であり、「訪問者」と「ひそんでいる男」は「ぼくの内面世界の表象そのものである女と男」であると言う。

この「断章」と「詩」の二つを資料として、詩の原型としての「断章」と「詩」に共通する詩句の出現数を調べることによって、形式的な側面から詩作過程を分析することができる。共通する詩句の判断基準は、一行の詩句において修飾語の一部が異なる場合でも、核となる語句が同一であれば同じ詩句とみなし、「断章」の一行が「詩」で二行に書き分けられている場合は一行とした。このようにして二八の詩句が「断章」と「詩」に共通する詩句として抽出された。「詩」には三つの詩句が二回現れているので三一になった。この共通する二八の詩句が「断章」のどの時間経過にみられるかを、「断章」一八七行の前半九三行と後半九四行について調べると、前半には二三（82・1％）、後半には五（17・9％）で、明らかに「断章」の前半に「詩」と共通する詩句が多く認められた。さらに、「断章」一八七行を六二行ずつの三群に分けて共通する詩句の出現数をみると、最初の六二行では十七（60・7％）、中間の六二行では八（28・6％）、最後の六三行では三（10・7％）と、時間経過と共に明らかに減少している。

それに対して、「詩」は一三〇行であり、前半の「女が訪問する」では十四（50・0％）、後半の「男が出発する」でも一四（50・0％）で、前半と後半の間に差は認められなかった。ただし、後半には同じ詩句が三回見られるため、これを加えると十七（60・1％）となるが、どちらにしても前半と後半の間には差が認められなかった。[28]しかしながら、「断章」の最初の六二行にみられた共通する詩句十七は、「詩」においてどのように分布しているか検討した結果、十四の詩句が「詩」の前半の「女が訪問する」に、他の三詩句は後半の「男が出発する」に認められた。

このような結果から、「断章」を生じさせた特異な詩的感情状態の初期のイメージ（詩句）は、「詩」全体を誘導するように、「詩」のはじめの部分に多く認められ、「詩」の後半になるに従って「断章」のイメージ（詩句）は著しく少なくなった。「詩」が作られるとき棄てられるか、あるいはより修正されると考えられる。詩作過程において、詩人の思考の働きが大きく作用していることを示唆している。特異な詩的感情状態において生じたイメージ（詩句）は、詩に作られるとき詩人により意識的に取捨選択されると考えられる。

5 詩を読むとは

他の人の詩ばかりでなく自分の詩であっても、読むたびにそれまでとは異なるものを感じ、新たな意味に気づくことがあるのは、なぜであろうか。「詩を読むとは何か」を考えるとき、詩人である村野四郎(1968)の「詩をどう読むか」は、現代詩についての論考であるが示唆に富んでいる。そこで、はじめに「詩を読むとは、どんな行為なのか」という問題を村野の論考に沿って考察したい。

村野によれば、詩を読む(鑑賞する)とは、「詩の中に述べられた思想を論理的に理解することではない」と言う。詩が論理的な理解を求めるものならば、詩は詩である必要はないと言い、現代詩に限らず、詩を読むとは「思想や感情が、…言葉の働きによって、…美的なものとして、《感じられる世界》に還元されているかを感受し、それを味わうことにある」とする。

これまで多くの詩について、詩を読むために詩人の生育歴、幼児期の体験、興味・関心、思想・信条、親子関係や友人関係、人生における衝撃的な出来事などが詳しく調べられてきた。たとえば、わずか五四行のコールリッジの詩「クブラ・カーン」について、何冊もの分厚い研究書が書かれている[29]。このような努力をしなければ、詩は読むことができないのだろうか。ワーズワスが、詩は読む者の心に「(それ自体が証拠となるような)真理を生きたまま送り込む」としたのも、ヴァレリーが、詩はそのまま読まれ記憶されなければならないとしたのも、詩が求めるのは論理的理解ではなく、心情において分かる(了解する)

ことであった。確かに、詩を読むために、詩作過程に関する資料を集め読むことは、感情移入や了解を容易にするための手段には違いないが、全てではないのである。なぜなら、詩人の中桐雅夫（1967）は、「一般に作品をもっともよく知っているのは作者である、と信じられており、作品の解釈上、それについての作者自身の言葉を最も重視する傾向があるが、これはまったくの誤りとはいえないまでも、正しくない場合がすくなくない」と言い、詩には詩を書いた詩人にすら読み解くことのできないものがあることを示唆している。

特に、現代詩は、鑑賞するのが叙事詩や抒情詩よりも難しく感じる。それはなぜであろうか。その原因は、現代詩の詩作過程にあると言われる。ヨーロッパでは十九世紀の中頃から、日本では二〇世紀の初頭から、文学思潮としての象徴主義の時代になり、ロマン主義の時代よりも一層個人の感性や感情により詩作が行われるようになった。象徴詩にあっては、詩の言葉に比喩が多く用いられ、詩人は特に隠喩（メタファー、暗喩ともいう）を詩の表現の手段として用い、感じられる世界を表現しようとした。そのため、多くの人にとり詩が難解なものになり、詩を読むことが一層困難になった。

村野は、隠喩が多く用いられている現代詩の例として、イギリスの詩人エリオットの詩「荒地」の冒頭の連をあげている。[30]

四月は残酷極まる月だ
リラの花を死んだ土から生み出し
追憶に欲情をかきまぜたり

春の雨で鈍重な草根をふるい起すのだ。
冬は人を温かくかくまってくれた。

（西脇順三郎訳）

この詩において、「リラの花」は堕落と悔恨の隠喩であり、「冬」は死の隠喩であることを理解しないかぎり、「四月は残酷きわまる月」の意味は、充分にとらえられないと言う。それゆえ、現代詩を読むためには、詩の隠喩と暗示を読み解かなければならないとしている。隠喩は、詩人の文化的な背景や教養と個性的な感性による表現であるゆえ、詩人と詩を読む者の間で文化的背景も教養も感性も異なるならば、隠喩を読み解く、すなわち詩を読むことは一層難しくなる。

現代詩を難しく感じさせているもうひとつの理由は、現代詩における超現実主義（シュールレアリスム）的性格にあるとされている。既成の権威、道徳、芸術形式の一切を否定し、自発性と偶然性を重視したダダイスムに続いて、フランスに興った芸術運動の超現実主義は、人間の内面を表現することをめざし、人間の潜在意識、無意識の領域に真実を求めた。その結果、詩の表現は詩人の個人的で主観的な色彩を強めることになり、村野の言うように、現代詩は、「かって見なかった複雑に屈折した主観的意識と突飛な表現形式」を用いるようになった。詩についての考え方がこれまでと大きく変わったのである。その理由を、村野は、ルイズ・マンフォード（Lewis Mumford, 1895-1990）の「非合理の跳梁」から「今日の私たちにとっては、現実はもはや表面の映像だけでは充分に再現されることができない。眼に見えないものが、直接眼に見ることができるものと同じくらい現実であり、同じくらい現在であり、また同じくらい作用的である」[31]という言葉を引用し、さらに「もはや今日では、日常的な意識層をかきまわすだけの古い詩では、今日の全現実を把握することは不可能」であるとする。そして、詩の中に「眼にも触れず、手にもふれ得ない世界に働く意識」を読みとることが、詩の読み方の絶対の要件になると言うのである。詩の重要な要素である未来への予見性は、この無意識の領域からもたらされるからである。

しかしながら、現代詩と呼ばれる詩の多くは、村野の指摘するように「時代的苦悶を独り占めにしたような感傷的で悲愴なポーズとか、孤独、不安、絶望と、否定や自己閉鎖にのみ現代生活の究極があるような身振りの、空虚な深刻癖。あるいは詩の審美的価値になんら寄与するところのない抽象語の羅列」の未成熟な詩であり、詩の言葉が詩の美的形象化にどのように関わっているのか疑問を感じさせるとしている。

叙事詩や抒情詩の多くは「直喩と意識」による詩であり、象徴詩や現代詩の多くは「隠喩と無意識」による詩である。たしかに、詩の言葉に、「たとえば、あたかも、さながら」などを用いて、あるものを他のものと直接比較するような直喩を意識化された世界に対して用いて詩作する「直喩と意識」による詩と、暗示的な語句やあるものを他のものに喩える隠喩を人間の無意識の領域に対して用い詩作する「隠喩と無意識」による詩では、詩を読む者に大きな違いを生じさせる。

村野は、高村光太郎の詩について「光太郎にとって、眼に見えるもの、手に触れうるものだけが詩の生まれる領域」であり、「詩の中でえがかれた形象が、現在のみを語って、未来を語らない」と言う。しかしながら、これは彫刻家である光太郎の詩の特徴なのかもしれない。このような「直喩と意識」による詩は、読む者を容易にその詩の世界に導き、詩の意味内容の理解と感情を共有することは比較的困難ではなく、それほど大きな努力を払わずに詩を享受することができる。それに対して、「隠喩と無意識」による象徴詩や現代詩を読むことは、隠喩という詩の言葉の不確かさと意識化され得ない無意識を読み解くことになる。

通常、読むという行為は、散文の場合には自分の言葉に言い替える行為であるが、詩を読む場合には当てはまらない。詩は、本来的に「圧縮と暗示」の文学であり、「圧縮と暗示」を読み解かなければ詩を「感じられる世界」に還元することができない。それゆえ、詩を読むという行為は、詩人が描いたイメージを、言葉を媒体として詩を読む者の心に移し替える行為と言うことができる。詩人は「詩でなければ表現不可能な世界だからそれを詩にかくのであって、作者にとってさえ、絶対に言い替えのできない世界」（村野 1967）なのである。ここに詩が詩である理由があり、詩が説明や理解を求める文学（たとえば、小説など）と異なり、読むことの難しさの原因があると考えられる。

詩には、田村（1967）の「諸君が『詩』に遭遇した瞬間、世界が新しくなる」という言葉に要約されるように、詩を作る者にとっても詩を読む者にとっても同じように、それまでの認知的世界（認知構造）を変容させる力がある。この力が詩の心理治療的効果の源泉と考えられる。詩を心理療法に用いるときには、「直喩と意識」による詩と「隠喩と無意識」の詩の相違に注意する必要がある。現実世界の理解と他者への共感を治療目的とするときには「直喩と意識」による詩（たとえば、抒情詩）がより適切であり、自己の世界の再構築と未来への予見性を治療目的とするときには「隠喩と無意識」による詩（たとえば、象徴詩）がより適切であると考えられる。治療対象者に詩を処方するとき、詩におけるこの二つの違いを明確にしておく必要がある。

6　詩の了解心理学

（1）詩の了解とは

詩を読むとき、今読んでいる詩句が前の詩句に、さらに前の連に、詩の最初の詩句や連に、そして詩全体とどのように関係づけられ、直喩や隠喩の言葉と言葉の結び付きが、詩を読む者の心にどのように移し替えられるのか説明しようとするならば、了解とは何かを問題にしなければならない。

了解を認識の方法として明確にしたのは、ディルタイ（Dilthey, W., 1833-1911）であり、了解とは感性的に与えられた表現や記号を通じて、その内的な精神を追体験して認識する作用であるとした。一般的には、了解は、他の人の心の状態や動機を体験として、心情において分かることであり、追体験とほぼ同じ意味に理解されている。追体験は、他の人の体験を追いかけ自己の体験の中に写し取ることで、感情移入もそのひとつと考えられている。[32]

ヤスパース（Jaspers, K., 1883-1969）は、了解とは何かを『精神病理学総論』（1965）の第二部精神生活の了解関連（了解心理学）において詳細に考察している。ヤスパースは、「心的なものを他の心的なものから発生的に了解する」と言い、心的なものの了解的関連を内からの因果性とも、心理学的説明とも言い、了解とは何かを、「攻撃された者は怒り反撃する、欺かれた者は疑い深くなる」ことを例をあげて説明している。このように心的なものが、心的なものから分かれて生じる（先行事象から後続事象が生じる）ことを発生的了解と言っている。それゆえ、了解とは心的なものの因果的説明の仕方なのである。この発生的了解は、いかなる媒介もなしに（直接に）人の心に確実なものとして現れるもので、ヤスパースは発生的了解の明証性はそれ以上追求できない自明のものであると言い、自然科学において資料を保証するものが観察された事象の知覚の現実性であるのと同じであるとする。それゆえ、了解の明証性は、経験を繰り返すことによって得られるものではなく、直接的確実性に基づくとしている。

これに対して、自然科学にあっては、観察や実験から多くの資料を収集して、生起した事象に一定の規則性を見出し、さらに一般化することで法則化し、因果関係を定式化（多くは数式化）することによって、事象を説明することが唯一の説明の方法である。しかし、人間の心を対象とする心理学では、了解も自然科学的説明も、共に説明の方法になり得るのである。

ヤスパースは、心は了解という方法のために考えられた相関物（構成概念）であって、心的なものは、他のものとの関連性においてのみ把握可能であるとした。すなわち、心そのものは決して捉えることができず、身体的に表出されたもの（事象）との関係から、あるいは心の内容を了解することによって捉えられるもので、心は「精神と身体との中間的な存在」であると言う。

ヤスパースは、心の機制（メカニズム）を意味するとき心理学的と言い、発生的了解を心理学的了解とも言っている。この心理学的了解には、動機的関連の了解と状態の了解があり、動機的関連の了解は心的なもの（内容・事象）の発生（因果性）の了解であり、状態の了解は感情的了解あるいは感情移入的了解である。この二つの了解が、詩を読むとき、どのように行われるかを、キーツの詩の中でもすぐれた詩とされている詩「秋に」の最後の連を例に説明することにしたい。

春の歌は何処《いずこ》に、まこと、何処に
　　　　　　　　　　　あるのか。
その歌を思うはやめよ、お前にも固有の調《しらべ》があるものを―
条曳《すじひ》く雲がほのぼのと寂滅《ほろび》に入る一日《ひとひ》を彩り
刈株の残る田畑を薔薇色《ばらいろ》に染める頃おい、
うらわびる合唱隊をなし、微《かす》かな羽虫の嘆きはおこる、
川辺の柳の間《あわい》に　そよ吹く風の立ちまた止むにつれ
高々とはこばれ　また低く沈みつつ。
まるまると肥えた仔羊は丘の際《きわ》より高らかに声あげ、
籬《まがき》のこおろぎは歌い、今や優しく透る高音《たかね》に
胸紅き駒鳥は囲いを廻《めぐ》らす庭より啼《な》き出《い》で、
つばくろは大空に群れ集《つど》い囀《さえず》りわたる。

（宮崎雄行訳）

宮崎雄行（2005）は、この秋の詩について、「地上の物が成熟の果に揺落の定めに堪え必然の弧を描いて転身の緒に就く時に奏でられる。…耳を澄ませば、そこには過去の集積を極めた訣別の必然が徹り、

『寂滅《ほろび》に入る一日《ひとひ》』の輝きに応えている。…別れと旅立ちが一如に流通し、充足を経た没落は深い回帰の祝祭に適う。特に、最終行がこの詩編を余韻をもって閉じながら、同時に広大な地平を呼び入れるまでに開いた暗示を与えている」[33]と、感情移入的了解から動機的関連の了解を巧みに表現している。

この詩は、春と秋を対比させ、別れと旅立の寂滅《ほろび》に入る一日を、最後の二行の詩句により大きく転換させている。自由の隠喩である「胸紅き駒鳥」が、自由を得て大空に飛び立つさまを「つばくろは大空に群れ集《つど》い囀《さえず》りわたる」と情景を重ね合わせることで、この詩を読む者に自由と安らぎを与えている。自由の象徴的表現である最後の二行は、芭蕉の臨終に近い日の俳句「此秋になんで年よる雲に鳥」の「雲に鳥」を連想させる。詩を読むとは、このように、詩句を感情移入的に了解しながら読むことであり、それは詩のイメージを心に再現することである。詩の言葉と句の重なりが了解を一定の方向へと導くことにより詩の意味が明らかになり、詩作の動機的関連の了解が行われることを示している。

しかし、キーツの詩「秋に」の最後の連を、誰もが同じように了解するわけではない。なぜなら、ヤスパースによれば、創造的な了解はすぐれた作家や芸術家の絶え間ない努力により得られるものであり、資料を集め、直観と洞察を繰り返さなければならない。了解の深さは了解する人の性格や人格の問題であると言う。それゆえ、了解は詩を読む者により異なる。詩人で批評家でもあるルーイス（Lewis, 1966）は、『詩的イメージ』において、スペンダー[34]の「海景（Seascape）」という詩を例に、詩人による詩作過程の説明と詩を読む者の了解の差異について興味深い考察をしている。以下の詩の訳は大意である。

陸地の前に、まだ奏でられないハープのように
幸せな海が広がっている日々がある
午後の陽は沈黙の弦を黄金色に光らせ
眼の鮮烈な音楽となる
細い弦の炎の間の、反射するように道の上に、
海岸はバラ、馬、尖塔を背負い
縞目模様の砂地の上に投影され、水中を漂う

大気の澄んだ喜悦は倦み
そしてため息は、婦人のため息のように、陸地から
影のような手で震える弦をならす
波を渡ってくるのは　鳥の甲高い啼き声
鐘の音　喘ぎが　遠い知られざる国から
これらを錨のように深く、黄金色の波は埋葬する

そのとき、海岸から、二匹の蝶がジグザグにとぶ
点在する野茨《のいばら》のように、熱した砂浜を横切って、

そして海原の上の塩の小屋は
反射した空に生える泡の花を求める
蝶たちは溺れ死ぬ。見ている人にはわかるのだ
この翅はこのような儀式の生け贄の中で破れ千切れるのを

船、財宝そして都市を思い出すがよい
火葬の薪の炎で飾られた　伝説の英雄たちを、
英雄たちの現し身の翼のあった日々は困惑の島
果てしない時の海が呑み込んだ。彼らの財貨と眼差しは
波の欲望の潮流によって狂ってしまった、
力強い愛情の水が探されもせず
そこは、水の上、ハープはため息をつくばかり。

この詩の主題は海の幻影《ヴィジョン》である。スペンダーは、海岸、ハープの弦のような波、生け垣とバラと蝶はそれぞれに象徴的意味をもち、海は死と永遠を意味し、陸地は永遠の海に没する人生の盛りと一生の短さを意味すると言う。この詩を読むルーイスは、海と陸、死と生、永遠と時間を対立させることで、この詩に象徴的意義を与えているとしている。それは、人間は死ぬものであるという真実である。詩人の仕事は、自分の幻影を詩に再現することであり、幻影にその真実を語らせることであるとする。最後の連の「強い

愛情の水」という詩句は、生への回帰に不可欠なものを暗示していると考えられる。

「この詩は、美しい詩です。しかし、どこに生と死についての普遍的な真実があるのでしょうか。私には、海岸と波、バラや鐘や蝶が見えるだけです」という単純素朴な読者の問いに、ルーイスは「あなたは、風をみていない」と答える。この詩をよくみると、すべてがひとつの方向、すなわち海に向かっている。海に映った海岸が「水の中をただよう」、大気のため息が陸地のざわめきを海へいざない、海では「黄金色の波」がそれらを「埋葬する」、二匹の蝶が海へ誘い出され、そこで溺れる。見る者の心は、蝶へ向けられ、そして「船、財宝、都市、伝説の英雄たち」を思い出させる、「現し身の翼をもって生きた」英雄たちは海に呑み込まれたことを。これらすべてのイメージ（詩）は言葉の絵以上の何かを意味し、ひとつの普遍的な真実をイメージ化していると答える。これは、詩（言葉）において決してはっきりとは述べられていない真実であり、それどころか、詩人自身にさえ十分にはわからない真実なのだと言う。

次に、ルーイスは、物分かりのよい素朴な読者はこんな疑問を投げかけるにちがいないと言う。「理屈としては、その通りでしょう。しかし、実際に、あなたが私に示してくれたことは、イメージがひとつの方向へ、あらゆるものが海に向かって運ばれていることです。海は死と永遠をあらわすというスペンダーの言葉と、これは詩の深遠な普遍的真実のひとつであるというあなたの言葉だけです」。そして、「この詩のどこに普遍的真実があるのですか」という問いに、ルーイスは、確かにこの詩を読む誰もが普遍的真実を認めるとは言い難いとした上で、詩を読むということは意識的な理解とは異なる別な方法を私たちに要求すると言う。詩を読むには想像力《イマジネーション》が必要で、スペンダーの「想像力とは、私たちがかって経験したことを想起し、それを異なった状況へ適用する能力である」という言葉を引用しながら、詩のなかに隠されている普遍的真実は、読む者が想像力を豊かに働かせ、詩人の体験を追体験あるいは感情移入することで、自明なもの（明証性）として了解され、それ以上の説明を必要としないものとして心に現れるとしている。

ヤスパースが、了解心理学の領域における最も優れた人物としてキルケゴール（Kierkegaard, S., 1813-1855）とニーチェ（Nietzsche, F. W., 1844-1900）をあげているのは、彼らの了解が深い内省に基づき、実存という人間存在の在り方に深く関係しているためと考えられる。[35] 個々の心的なものの了解は、全体と関係づけられることにより、より明らかに、より深く、より確かなものとなる。ヤスパースは、全体的了解を人間存在への関わり方から精神的了解、実存的了解、形而上的了解の三つに分け、精神的了解は対象となっている人の精神的生活の了解であり、実存的了解は人間の存在を無制約的なもの（実存）と捉える哲学的実存開明であり、形而上的了解は諸々の事実と自由性を絶対的存在の言葉として解釈するものとしている。

詩を読むということは、詩の心理学的了解を通して、自己の存在（実存）の意味を解き明かす行為と言うことができる。スペンダーの詩「海景」のどこに普遍的真実があるのかと問いかけた読者とルーイスの違いは、人間存在についての深い内省に基づいて詩を読むか否かの違いであると言うことができる。

（2）了解についての補足的説明

ヤスパースによれば、了解には方法上の原則と言えるものがあり、『精神病理学総論』において次の六つをあげている。

①経験的な了解は解釈である。すべての了解的関連は、それ自体として自明であるが、客観的事実として示される表現、行為、作品などの了解的関連は、心理学的にはひとつの仮説に基づいて行われる試みである。この経験的な了解は客観的な現象と順次照合され、それにより現象の解釈（可能性）は確実性を増す。しかし、その解釈には、他の解釈も可能なゆえに、ひとつの解釈にすぎないとする。経験的なものは相対的でしかないからである。

②了解は解釈学的円環をなして行われる。了解は、個々の事実からそれらを含む全体へ向けて行われ、到達された全体から再び個々の解釈可能な事実の了解へと螺旋状の円環をなして行われる。了解は、ばらばらな了解から全体的な了解へ進み、全ての部分が吟味され、変化していくが、全体的了解から個々のものの了解が行われることにより、了解はより豊かで明瞭なものとなる。そして、このように行われる了解そのものも広がり、変化していくが、最終的で確固とした了解に達することはない。

③正反対のものも同じように了解可能である。弱い者や貧しい者は、裕福で幸せな権力のある者に悪意や憎悪を抱き、嫉妬や復讐心を持つことはありうると了解される。同時に弱い者や貧しい者は、自分自身と自己の現実に誠実であり、自己に満足し、自分と異なるものを愛し、心が深く動かされるときは自分のできる範囲内で行為し、困窮と苦しみによって育てられた純粋な心をもつ人間になるという、全く逆の了解も可能である。あるひとつの了解が自明であると、それを真実であるとしてしまうが、これは根本的な誤りのひとつで、逆の了解も同じように心理学的に可能であり、そのような誤りにおちいるのは現実の人

間に関する客観的に意味のある事実を全体に結びつけることをおろそかにしたからである。

④了解の終り（終点）を予測することは不可能である。了解可能なものは、了解不能なもの、所与の事実、現存在、自由性（実存）の境界に接しており、それ自身では決して完結することがない。了解可能なものは、たとえば衝動のように、意識外のメカニズムと客観的事実に基礎をおき、それ自体は了解不能なものから発している。それゆえ、終点を予測できない。実存的自由に基礎をおき、時間の中に存在するあらゆる了解可能なものは完結不能であり、終点に達することができない。了解がこのようなものであっても、人間の行動の予測は経験的（頻度から）にできるし、運命を共にしている者には確実なものとして予測可能となる。

⑤解釈可能性には限界がない。神話、夢、精神病の内容は際限なく解釈可能である。なぜなら、あらゆる象徴解釈に限界がないという事実は、了解可能性の原則なのである。了解可能なものも了解そのものも絶えず変化する。解釈がいくつもあるということは、次第にある一定の見解に至る過程にあることを意味する。了解の真実は、直観性、関係性、精神的な深み、豊かさなど、自然科学的認識とは異なる規準に従う。それゆえ了解は、自然科学的認識からすれば、その時々の単なるひとつの提案に過ぎないとみられる。

⑥了解は、未知なるものの開明と隠されていたものの暴露に関係する。了解心理学には奇妙な二重性格があり、欺瞞を暴露する場合には、了解はしばしば意地の悪いものと思われ、本質的なものを開明する場合には好意的に見られる。暴露的な心理学は、全ての不誠実を見破ろうと打ち壊し、「これ以上何もない」ということを見出す。暴露的了解は避けることのできない煉獄であり、煉獄の火の中で人は自分を確か

め、身の証をたて自分を変えなければならない。開明的な心理学は、基本的に肯定的な態度をとり、了解は現にあるものを積極的に意識させる鏡であり、これに映すことにより肯定的自己意識が可能になり、他者の現実を愛情を持って見ることができるようになる。

第二章　詩の心理学

1　最初の詩の理論――アリストテレス

詩の問題を考えるとき、アリストテレス（Aristotelēs, 384-322 B.C.）の『詩学』は、きわめて示唆に富み、古くから引用されてきた。そこで、はじめにアリストテレスの詩とカタルシスに関する所説を考察することにしたい。

アリストテレスによれば、どのような詩もミメーシス（mimēsis）、すなわち模倣的再現であると言う。[1] ミメーシスとは、ギリシア語で芸術一般を意味し、肖像画はその人物に似せて模像を描き、叙事詩は史実をもとに詩作し、抒情詩は愛する人と自分の心の緊張を言葉に写し取り、吟遊詩人は伝えられた詩歌を吟誦するように、芸術はすでに存在するものの人為的な模倣による再現であるとする。では、人はなぜ再現しようとするのか。アリストテレスによれば、模倣して再現すること（ミメーシス）は、子どもの頃から自然に備わった本能であり、最初にものを学ぶのもこのミメーシスによって行われる。それは、模倣し再現した成果がすべての人に喜ばれるためであり、実際の事物を見れば苦痛を感じるようなものであっても、それを描写した絵などであれば、どんなに精緻に描画されたものであっても、喜んで眺められる。なぜなら、学ぶことは楽しく、推理を楽しむことができるからで、以前にその実物を見たことがない人にとっても、作品を仕上げた技量の巧みさや色彩などを楽しむことができるからであると言っている。

しかし、詩はありえないようなことを詠い、真相をありのままに再現していないという批判や非難に対して、アリストテレスは、詩には理想的なものが描かれ、普遍性が表現され、人の心をより一層打つようにすることが詩作の目的であるとして、詩作における創造性を強調して反論している。

このようなアリストテレスの詩についての所説は、悲劇と叙事詩を対象としたものであり、詩において再現されるのは出来事のつながりとしての人間の行為であって、人間の心を再現するものではなかった。人間の心の再現としての詩はルネッサンスを待たねばならないが、詩における普遍性と創造性は悲劇や叙事詩に限らず、全ての詩にとって本質的なものであると考えられる。

アリストテレスは、詩人の仕事を過去の事実を語ることではなく、これから起こるかもしれない事象を語ることであり、詩が語るのは普遍的な事柄であるのに対して、歴史が語るのは個別的な事件であるとも言っている。詩作は、真相をありのままに再現するものではなく、あるべきことを、すなわち理想的なものとして描くことにある。それゆえ、詩作の技法はカタルシスを生じさせるための技法であり、いかに人の心を打つように詩作するかが問題であるとする。

カタルシス（catharsis）という用語は、ヒポクラテス（Hippocratēs, 460-377 B.C.）の医学用語にすでにみられるが、今道友信（1972）は、アリストテレスのカタルシス概念を後年の研究者の解釈にもとづいて三つに分類している。そのうちのひとつが心理学的に解釈される「観客の感情のカタルシス」と呼ばれるカタルシス概念で、この概念には人々の同情と恐怖の感情が「悲劇」の中で模擬的に再現され、鬱積した感情を瀉出《しゃしゅつ》する（放出する・流出させる）という意味と、同情と恐怖の感情が抑制され、純化され、道徳的によりよく浄化されるという意味があるとしている。[2] アリストテレスは、『政治学』[3]において、音楽によるカタルシスも、類似した体験の再現により感情を消散させるために快感を感じさせるとしている。

詩を読む人の感動について、アリストテレスは詩人の感情の状態から説明している。詩人が実際に苦悩しているならば、詩を読む人にその苦悩を追体験させることができ、怒りに突き動かされているならば、真に迫って怒りを描くことができる。それゆえ、詩作は、豊かでしなやかな素質か、さもなければ狂気か、そのどちらかを持つ人の仕事になると言っている。豊かでしなやかな素質のある人ならば、他の人の感動を自己の感動として体験することができ、また狂気の人ならば、我を忘れて激しい感情を容易に表出できるからであると言う。

アリストテレスは、言葉の機能を論理的機能、心理的機能、および評価の機能の三つに分け、心理的機能には感情を誘発する機能があり、同情、恐怖、憤怒やこれに類する感情を、他の人の心に生じさせるとしている。そして詩の言葉に関して、比喩の重要性を指摘している。比喩は、ある事象を別の事象を指示する言葉を用いて示す「言葉の転用」であり、その転用の仕方を四つに分類している。

①上位概念（類全体）を示す言葉が、その下位概念（種）のひとつに転用される場合で、「我が船はここに止まれる」をあげ、「船を舫《もや》う」ことを「止まれる」と表現している。

②下位概念（種）の言葉が上位概念（類）を示す言葉に転用される場合で、「オデュッセウスは、万にも及ぶ勲《いさお》を立てた」をあげ、万は「非常に多く」を意味する言葉として用いられている。

③ある言葉を同じカテゴリーに入る他の言葉に転用する場合で、「青銅の刃もて命をば汲みとりつつ」が殺戮を意味し、「鋭き縁の青銅で水を切りとり」は禊ぎの水を銅器に汲み取れと勧めている。前者では「汲みとること」は「切りとること」を、後者では「切りとること」は「汲みとること」を意味しており、これら二つの言葉はいずれも何かを「取り出す」ために用いられている。

④類比《アナロジー》関係に従って言葉が転用される場合では、Aに対するBの関係が、Cに対するDの関係に類似している。老年（B）の人生（A）に対する関係を、夕暮（D）の一日（C）に対する関係に類比させる場合である。人は夕暮のことを「一日の老年」、あるいは老年を「人生の夕暮」、「人生の日没」と言い、また太陽について、「神のつくり給いし炎の光を播きながら」と、生物との類比から表現することができるとしている。

アリストテレスは、詩人の比喩使用の能力は他人から学ぶことのできないもので、詩人の生まれながらの才能であるという。巧みに比喩を使用する、すなわち言葉を巧みに転用するとは、事物の間に類似性を見つけ出すことにほかならないとしている。

＊

アリストテレスの詩に関する所説は、主としてギリシア悲劇と叙事詩についての考察の結果であるが、近・現代詩にとっても、模倣的再現（ミメーシス）とカタルシスは詩作の動機づけと詩の心理的効果を考えるときの基本的な問題であり、比喩に関する所説はきわめて示唆に富んでいる。しかしながら、アリストテレスにおいては、詩作における特異な詩的感情状態についてはまったく考察されていない。多くの詩人において詩作の前段階に何らかの特異な詩的感情状態が認められ、プラトン（Platōn, 427-347 B.C.）が『パイドロス』で「技巧だけで立派な詩人になれるものと信じて、ムウサ（ミューズ）の神々の授ける狂気にあずかることなしに詩作するならば、その人は不完全な詩人に終わるばかりでなく、正気のなせるその詩も、狂気の人々の詩の前には、光をうしなって消え去ってしまうのだ」[4]と言い、ムウサ（ミューズ）の神の詩的霊感あるいは狂気という特異な詩的感情状態に言及している。アリストテレス的思考からすれば、この問題は除かれるべき問題なのかも知れないが、後の多くの詩人にとって、この特異な詩的感情状態は重要な意味をもっていた[5]。

2　詩の動機づけ――フロイト

フロイトは、『詩人と空想すること』[6]において、詩と詩人の関係を、次のように言っている。「詩人という奇妙な人間は、どこからその素材をとってくるのか、またどんな具合にしてこれほどまでに私たちの心を捉え、…私たちが思ってもいなかったような感動を、呼び起こすことに成功するのだろうか」と。詩人は、この問いに答えようとしないので、詩人と似たような創作活動をしている者を探し出し、それについて考察することでこの問いに答えようとする。

フロイトは、詩的活動の最初の現れが、子どもの遊びに見られるとしている。遊んでいる子どもは、「ひとつの独特な世界を、自分の世界の事物を、自分の気に入った、ある新しい秩序に置き換える」ことによって、詩人と同じように振る舞っていると言う。子どもは、遊びにどんなに夢中になっていても、遊びの世界と現実の世界をはっきり区別しており、遊びの世界の想像上の対象や状況を、現実世界の、手に触れ、目にみえる事物に仮託している（ゆだねている）にすぎない。人間は成長するに従って遊ばなくなるが、遊ぶ代わりに空想《ファンタジー》するようになる。子どもの「遊び」と大人の「空想」の違いは、仮託する対象の違いであり、詩人は言葉を用いて空想の世界を創り出し、白昼夢と呼ばれる空中楼閣を築き上げるとしている。

フロイトによれば、幸福な人は決して空想しない。空想するのは不幸な人たちである。なぜなら、空想は、願望の充足であり、願望こそ空想の原動力であり、充たされない現実の修正だからである。この空想活動の所産のひとつが白昼夢であり、白昼夢は精神分析学における自我防衛機制のひとつで、夜の夢の隠された願望が夢の分析によって明らかにされたように、昼の夢、すなわち白昼夢も同じように願望の充足であるとする。そして、その願望は名誉心的な願望か性的な願望であり、それゆえ隠さねばならず、空想の肥大化は神経症と精神病を発症させる原因になるとしている。

では、詩人を「白昼の夢想者」に、その作品を「白昼夢」と考えてよいのであろうか。フロイトによれば、現実世界における体験が詩人の心に、多くは子どもの頃の体験を呼び覚まし、この体験から生じる願望を詩人は作品の中で充たそうとする。それゆえ、作品には古い思い出の要素と新しい現在の要素が含まれることになる。文学作品は、白昼夢と同じように、過去の子どもの遊びの続きであり、叙事詩のような詩であっても、自由な創作ではなく、民族の願望の歪曲された空想と考えられるとしている。

白昼夢は注意深く隠されるべきものであり、それを露わにすることは不快感を与えかねない。その嫌悪感を除く技術が作詩術であり、詩人はこの作詩術によって利己的な白昼夢を修正し、隠蔽し、空想描写によって美的な快感を生じさせる詩を作る。この美的な快感は、前快感と言うべきもので、心の中の緊張を解き放つことから生じるとしている。

フロイトは、他の論文『心的現象の二原理に関する要約』(1911)において、芸術における現実と空想の関係を、現実原則と快楽原則の和解により説明しようとした。芸術家は、現実世界において充たすことができない願望を空想により充たそうとする。そして、その才能によって空想を具象化して新しい現実(作品)とする。この新しい現実である作品は、人々により現実世界のすぐれた模擬的再現とみなされる。このような作品が他の人々と共有されるのは、「どんな人間のなかにも一人の詩人が棲んでいる」ためであり、そして「詩人がいなくなるとしたら、それは最後の人間が死ぬときであろう」と言うのである。

フロイトによれば、人間は現実原則と快楽原則の間で生きており、この二つの原則を和解させようとする人間の精神的な活動が芸術であり、詩作もこのような精神的な活動の所産であるとする。心の病の多くが、この現実原則と快楽原則の葛藤から生じ、詩作がその葛藤を解放するゆえに、詩は心理的な治療的効果を持つものと考えられる。詩を読むことは詩人と同じ葛藤(動機)を持つ者にカタルシスを生じさせ、心理的治療になることを示唆しているが、フロイトには詩による心理療法についての考察はみられない。

＊

フロイトの詩と詩人に関する所説については、次のような三つの問題が検討されねばならない。第一は、詩人を幼児に喩えたこと。第二は、詩を言葉による空想としたこと。第三は、詩が現実原則と快楽原則の対立・葛藤から生まれる、としたことである。『詩人と空想すること』には、一人の詩人も一編の詩も例示されていないので、フロイトがどんな詩人のどのような詩を思い浮かべていたかは不明である。

第一の問題であるが、詩人を幼児に喩えたのは、なぜであろうか。フロイトより八十六年前に生まれたイギリスの詩人ワーズワスの詩「幼少時の回想から受ける霊魂不滅の啓示」[7]には、幼児期の体験が繰り返し回想されている。この幼児期の体験は、ワーズワスにとって原体験であり、詩人としてのワーズワスの詩的精神の源泉になっていることが多くの研究者により指摘されてきた。たとえば、バウラ（Bowra, C. M., 1974）の『ロマン主義と想像力』や山内久明（1997）の「イギリス――心の深淵」などがあげられる。ワーズワスにおいては、幼児期の回想は幼児への退行願望ではなく、詩の中で「原初の共感のなかに見つけるのだ／かって存在した共感は永久にあり続けねばならない」（山内訳）と言い、幼児期の原体験を持ち続ける必要性を訴えているのは、なぜだろうか。それは、幼児に特有な豊かな感受性の強調であり、その感受性は、通常、成人になるにしたがって失われるゆえと考えられる。幼児に認められ成人になるに従って失われていく知覚・認知に関係する心的機能は、これまでの発達心理学が明らかにしてきたように共感覚、相貌的知覚、アニミズム、直観像など知覚と感情や思考が未分化な認知であり[8]、この認知的特性こそ幼児特有の豊かな感受性の源泉であり、幼児期の体験が原初的体験として保持され影響力を持つようになる原因と考えられる。

リーヴズは、『詩を理解する』の「詩人とは何か」において、真の詩人は幼児のような特質を幾分持ち合わせていると言い、幼児と同じように「自分自身の情熱と意志を喜び」、「誰よりも自分の内なる生命力を歓ぶ」という特徴があるとしている。しかし、詩人が幼児と異なるのは、「自分の思想や感情をより一層容易に、力強く表現できる」能力であり、言語感覚であり、言語表現の技術を持っていることであると言う。生まれながらの詩的才能が成熟するためには、言語感覚と言語表現の技術を修得する努力が必要であるとする。シェイクスピアの死後、ベン・ジョンソン（Ben Johnson, 1572-1637）が言ったとされる「すぐれた詩人とは、生まれついた才能であると同時に努力により作られるものでもある」を引用しているのは、詩人を単純に幼児に喩えることの不適切さを意味している。

第二の問題は、詩は言葉による空想としたことである。フロイトによれば、詩人が言葉を用いて創り出した世界は、「自分の世界の事物を、自分の気に入った、ある新しい秩序に置き換える」ことによって得られる空想とされる。このような空想は、詩と同じなのであろうか。空想にも詩にも、その行為を始動させる欲求や願望のあることは共に認められる。そして、その発現のプロセスに大きな違いがないとすれば、空想が言葉で語られるとき、詩になるのだろうか。リーヴズは、詩は詩人の心の中に生じた出来事を表現したものであり、その出来事は詩人の心の中で詩に作られ、書き留められるまで何処にも存在せず、詩自体が出来事なのであるという。空想は現実性《リアリティー》を持たないが、詩は現実性をもった存在となることに違いがあるとする。詩は、単なる言葉による空想ではなく、現実性を持った詩的な言葉による幻想《ヴィジョン》であり、それゆえ詩には心を揺さぶるような感動が生じると考えられる。

第三の問題は、詩が現実原則と快楽原則の対立や葛藤から生まれるとしたことである。フロイトは、現実世界において充たすことができない願望を空想により充たそうとすることが詩作の始まり（動機づけ）であるとする。そして、心の中に対立や葛藤を生じさせているものの多くは、道徳上受け容れることのできない心的内容であると言う。しかし、ユング（Jung, G. C. 1875-1961）は、現実原則と快楽原則の対立・葛藤という考え方は神経症の診断技法で、この世に完全な人間などいない以上、誰にでもそのような対立や葛藤があるはずで、詩作の動機づけの説明としては不適切であるとする。そのユングも、詩作態度のひとつとして、個人的な体験や衝撃的な出来事が詩作の動機づけになっていることを「心理的」詩作態度として認めている。全てではないが、葛藤や苦悩が詩作の動機づけになっていることは確かである（第一章の「3　詩作の動機づけ」を参照）。

現代詩の詩人岩田宏（1967）は、詩を作るということは、「必ずしも解放感を伴う行為ではない。時には、自分から解き放ったものよりも、負債として背負ったもののほうが遥かに多かったりする」と言っている。このような詩人は、決して例外ではない。詩作することによって、あるいは自作の詩を読むことによって、新たに自覚されるものがあり、その中にはそれまで以上に苦悩を深めるものがあっても不思議ではないからである。

詩人は、この問題にどう答えているのだろうか。ワーズワスは、『抒情歌謡集』の第三版（1802）序文の新しく付け加えられた文章において「詩人とは何か」についてかなり詳しく論じている。この詩人論は、その後の詩論に大きな影響を与えたとされている。ワーズワスによれば、詩人とは、「人びとに語りかける存在」であり、他の人々よりも「生き生きとした感受性とより多くの情熱とやさしさがあり、人間性についてより広い知識を持ち、包容力のある魂に恵まれている人間」であるという。詩人とはこのような資質と強い感情を自分の内部に呼び起こす能力をもつ人であり、この感情は実際の出来事によって生じる強い感情に類似していると言う。感受性と感動と想像力《イマジネーション》から詩が生まれるとしている。

さらに、詩の目的は、個々の一面的な真理ではなく、「全体的な、影響力のある真理」を示すことであり、外的な証拠によってではなく、「強い感情によって生きたまま心に送りこまれる真理」を示すことにある。詩は、「それ自体が証拠となる真理」であり、「すべての知識の初めであり終わりでもある」と言う。

ワーズワスは、詩人と他の人々との間に違いがあるとすれば、それは程度の差であって、本質的な差異ではなく、詩人は外界からの刺激がなくても、心の内的世界からの刺激に敏感に反応し、生じてくる感情をより力強く表現できると言う。フロイトも「どんな人間のなかにも一人の詩人が棲んでいる」と言っているが、詩を現実原則と快楽原則の対立や葛藤が個人的な体験として語られたものであるとし、個人的な体験内に留めているのに対して、ワーズワスは個人的な体験を人間の普遍的な体験と関係づけているところに違いがある。フロイトへの同様な批判は、ユングにおいてもみられる。

3　詩を生み出すもの——ユング

ユングの詩に関する考察は、主として「分析心理学と文芸作品の関係」（初版 1922, 引用は 1966）と「心理学と文学」（初版 1930, 引用は 1966）の二論文において行われているが、かなり体系的に論述されているのは「分析心理学と文芸作品の関係」である。それゆえ、はじめにこの論文にそって考察することにしたい。

ユングによれば、芸術そのものは心理学の対象ではなく、心理学の対象になるのは作品の創造過程に関わる部分だけであると言う。なぜなら、情動的・象徴的な心的活動が認められるのは創造過程においてだからである。ユングの詩に関する考察は、フロイトの還元的方法と無意識の心的内容を暗示する象徴《シンボル》の検討から始めて、創造的コンプレックス、集合的無意識、元型へと展開している。

（1）精神分析的な方法への批判

ユングは、現在を過去の体験によって解釈するフロイトの還元的方法を用いて詩作過程を考察することに否定的で、フロイトの方法は精神的な病者を健全な適応へ導くための医学的治療法のひとつであって、芸術作品を理解する方法ではないとする。芸術家の個人的な体験に作品を解く鍵があると信じたフロイトの功績は大きい。しかし、フロイト派が「芸術家すべてに幼児期の自己性愛的特徴を伴うパーソナティの未発達がある」というのに対して、ユングは「幼児期の自己性愛的特徴があっても、芸術家になれるとは限らない」という。

現在の精神的症状の原因を過去の体験に求めるフロイトの方法は、神経症患者を診断するときの医学的心理学の技法であり、患者の無意識層に到達するための方法である。フロイトによれば、神経症は道徳上受け容れることのできない心的内容を意識から排除しようとして、抑圧することにより生じる。しかしユングは、フロイトの言う抑圧される心的内容は、世に完全な人間などいない以上、本人が認めようと認めまいと、誰にでも見つけることができる。それゆえユングは、過去の体験が現在に与える影響を認めるが、詩人の過去の体験にフロイトの解釈法を無理に当てはめ、詩と詩作過程をフロイト流の還元的方法により考察することは不適当であるとする。[9]

次に、ユングは、フロイトが無意識の存在を暗示するものを象徴《シンボル》と呼んでいるが、これは間違った命名で、意識下で起こっている事象の徴表《サイン》あるいは症候《シンプトン》と言うべきものであって、「それ以外の仕方では捉えられない直観的観念の表現」である象徴とは異なるものであると言う。その例として、プラトンの「洞窟の比喩[10]」は認識論の問題全体を表しており、キリストは「神の国」の概念をもっぱら喩え話で語ったが、これこそ真の象徴であり、象徴とは「まだそれを表すべき言葉や概念がないものをなんとか表現しようとする試み」にほかならないとした。プラトンの「洞窟の比喩」にフロイト流の精神分析的方法を適用して洞窟を子宮と解釈し、プラトンはいまだ幼児期性欲の幻想を持っていたなどと言うならば、プラトン哲学の根本的な前提を形象化した「洞窟の比喩」を歪曲し、誤解してしまうことになる。

精神分析的方法は、ある種の医学的症例に適用して治療成果をあげているが、神経症は性的抑圧からのみ生じるものでもなく、また精神病も同様であり、夢の内容は夢の検閲によって隠さねばならないような、受け容れがたい抑圧された願望ばかりではない。ユングは、フロイトの解釈が明らかに恣意的であるとする。さらに芸術作品は病気の症状ではないゆえに、芸術作品を考察する方法としてフロイト流の還元的方法は不適当であるとした。

(2) 二つの詩作態度

ユングは、芸術作品の創造過程に二つの異なるタイプがあるとして、芸術作品を心理学的に考察するとき、この違いに注目しなければならないとする。なぜなら、芸術作品の重要な特徴の多くは、このタイプの違いに由来するからである。詩についても、この二つのタイプがあるとしている。

ひとつは、詩人のある意図により作られる詩である。このタイプにおいては、詩の素材、言葉、文体、様式は詩人の意図をより効果的に表現するために取捨選択される。それゆえ詩人は、詩作の過程そのものであり、作品形成のただ中に自分を置いている。このような詩作態度を、ユングは内向的態度と呼び、意識的な文学者と呼んでいる。詩作過程において、詩人は外界からのさまざまな要求に抵抗し、自分の意識的な意図や目的を主張する。その例として、シラー（Schiller, J. C. 1759-1805）をあげ、シラーの詩の多くが、このような詩作態度による詩であるとする。

それに対して、詩人の意図とも意志とも無関係に、あたかも洪水のように言葉とイメージが溢れ出て詩が書かれるタイプがある。このタイプの詩作過程においては、詩人は自分の心のもっとも深い層の衝動に突き動かされ、意識的な統制が不能な未知の意志の力を感じ、ただ服従するしかない自分に気づくのみである。その例として、ユングはゲーテ（Goethe, J. W. 1749-1832）の『ファウスト』の第二部とニーチェの『ツァラトゥストラはかく語りき』をあげている。このような詩作態度を外向的態度と呼び、自分の中の未知の力に詩人が服従するところに特徴があるとしている。

「内向」と「外向」という用語は、ユングの性格類型論の基本的な概念であり、心的エネルギーが心の世界である「内的世界」に向けられる場合を「内向的」と言い、自分の外部環境である「外的世界」に向けられる場合を「外向的」と言う。これらの概念を用いた上述の詩作過程の分類は理解され難かったためか、後に書かれた『心理学と文学』(1966)では「内向的」は「心理的」、「外向的」は「幻想的」と言い替えられ、より具体的に説明されている。

「心理的」と呼ばれる詩作態度は、個人的体験や衝撃的な出来事、情熱や運命などを素材として詩作する態度である。詩人は、意識化された体験と表現力により詩(作品)を作り、読む者の心を動かしてきた。これらの詩の素材は、日常ごく普通に繰り返されてきた出来事であり、たとえ非常に強い体験から書かれた詩であっても、その体験は心理的に理解(了解)することができ、詩作過程も理解することが可能である。教訓詩や抒情詩の多くが、このタイプであるとしている。

それに対して、ユングが「幻想的《ヴィジョナリー》」と呼ぶ詩作態度においては、詩の素材も体験の内容も既知のものではなく、心の深層にあって「あたかも人類以前の太古の深み」から、あるいは「人間の手の届かない光と闇の世界」から現れるもので、人間の力と理解力ではとても捉えられず、圧倒されてしまうような「原初的体験」であると言う。この原初的体験は、永遠の深みから「魅惑的で、悪魔的で、グロテスクなもの」「永遠のカオス(混沌)の恐ろしい錯乱」「私たちの理解を超えた啓示」「決して言葉で表すことのできない美」として体験される。この圧倒的な出来事に導かれる詩作過程は、「幻想的」と呼ぶ以外にないとする。幻想の体験内容を個人的な経験に還元するならば、単なる心的補償にすぎなくなり、豊壌なカオスである幻想内容の本来的な性質を失い、精神病の症候とされてしまうと言っている。

ユングによれば、この二つの詩作態度は、ひとりの詩人にさまざまな作品があるように（例としてシラーの詩と哲学的文章をあげている）、その時どきの状況により変化する。しかし、そこにはある共通性のあることも指摘している。それは、詩作への創造的衝動である。詩人が意識的に、自分の自由な意志により詩作していると思っている場合でも、詩作過程に働いている創造的衝動、すなわち「無意識の意志」に気づいていないだけであると言う。この衝動は、詩人に詩を「書かねばならない」という強い意志を生じさせる。詩作への強い意志が妨げられ、無理に中断させられると、詩人は重い心の病いに陥る。無意識からやって来るこの衝動の強さについて、ユングは、偉大な芸術家の創造的衝動がいかに強いかは、その人の人間性の一切を奪い去り、健康や人間としてのごく普通の幸福を破壊してもなお、創作活動を止めようとしなかった人たちのいたことを、多くの伝記作家が明らかにしている、と指摘している。この創造への衝動を、ユングの分析心理学は自律的コンプレックス、あるいは自律的創造的コンプレックスと呼んでいる。

（3）詩が作られる過程

コンプレックス（complex）とは、ユングによれば無意識の領域で形成されるすべての心的形成物、すなわち無意識の内にある観念と感情の複合体を意味し、気づかれるが意識の統制に従わず、意識への侵入を阻止しようとしてもできず、また想起しようとしてもできないゆえに、自律的であると言う。自律的コンプレックスという呼び名は、特定の心的内容についてのコンプレックスではなく、意識の統制に服さないという意味であり、詩が作られる過程についての説明では創造的コンプレックスと言い替えている。

これまで、このようなコンプレックスが頻繁に生じ、しかも意識の統制に強く抵抗する場合、病的な症状を生じさせると考えられてきた。しかしユングは、正常な人間の衝動もこのコンプレックスの性質をもつゆえに、コンプレックスそのものは病的なものを意味しないという。コンプレックスは、それまで意識されなかった心のある領域が強く活性化されることによって、親近性のある観念を結合しながら、意識の抵抗をエネルギーとして大きく生成される。創造的コンプレックスも、このようにして生成されるコンプレックスのひとつなのである。しかしながら、創造的コンプレックスが何から生成されているかは作品が完成するまで分からず、作品が与えるイメージが象徴として認識されるとき、はじめて創造的コンプレックスが考察の対象になるとしている。ユングにおいて、詩作過程に関与する創造的コンプレックスとは集合的無意識であり、作品に見られる象徴を手掛かりとして集合的無意識内にある「元型」[11]（archetype）を読み解くことにより明らかにされる。ユングは、ハウプトマン（Hauptmann, G. 1862-1946）の「詩を作るとは、（日常の）言葉を用いて原初の言葉を鳴り響かせることだ」を引用し、芸術作品のイメージは集合的無意識内にある元型のイメージから生成されるとしている。

　ユングによれば、無意識には個人的無意識と集合的無意識があり、個人的無意識は意識の表層の近くにあってしばしば意識化されるが、同時に意識により抑圧もされる。芸術作品は、この個人的意識から流れ込むものを素材とする場合もあるが、この素材は卑しく不純で、この素材が支配的になると、作品は象徴的でなく病の症候的なものになるという。この種の作品は、情動を放出させるフロイトの浄化法《カタルシス》の対象となる。それに対して、集合的無意識は、通常の条件では意識化されず、どのようにしても想起できないものであって、それは可能性として存在するのみで、形あるものとしては存在しない。この集合的無意識は、作品の形成を導く統制原理として描かれた作品の中に現れる。それゆえ、このような統制原理は、完成された作品から逆に推論することによって、原初的イメージの発現以前の原型（オリジナル）を再構成することでしか知ることができない。統制原理に関する論述は、カント（Kant, I. 1724-1804）の理念論に類似しているが[12]、これについての言及はみられない。

原初的イメージは、ユングの言う元型の形象化されたものであり、作品において神話的な姿形として表出される。芸術作品に触れたときに生じる感動は、この神話的な姿形が呼び起こすある種の激しい情動、予想もしなかった力、自由な解放感、荘重な気分、逆らい難い力の体験から生じる。ユングは、元型に触れたときに生じる体験に「神秘的融即」という用語を使用し[13]、いかなる媒介物もなしに感情体験が生じるとしている。神秘的融即という状態に浸ることに、芸術的創造の秘密があり、すぐれた芸術作品の価値があるとする。

ユングの所説によれば、すぐれた芸術作品の創造過程は、集合的無意識にある元型が活性化され、それを形象化し、完成した作品に仕上げることである。芸術家は、現在への不満から過去に憧れ、時代精神の欠陥や一面性を最も効果的に補うのにふさわしい原初的イメージを見つけようとする。この原初的イメージを無意識の底から引き上げて意識に近づけるとき、原初的イメージはその時代に生きる人間が理解できるように姿を変えてくる。言い換えるならば、今日の言葉に翻訳され、現代人の人生の最も深みへ通じる道を示唆すると言うのである。それゆえ、今まで顧みられなかった詩や詩人が、あるとき再発見されるということが起こり得るという。

芸術家には、社会的生活に適応できない人が比較的多くみられるけれども、それは芸術家にとって利点であり、平坦な踏みならされた道から離れて自分自身の憧れのままに進むことで、他の人々が気づかずにいたものを発見することができる。それゆえ、詩人は時代の予言者にも、時代精神の教育者にもなる。そこに芸術の社会的な意義があるとしている。

詩が集合的無意識の元型に由来するものであるならば、元型についてより詳しく考察しなければならないが、ユングの元型論は、彼の思想体系の中心をなす概念であり、その考察は広い範囲にわたり、しかも極めて難解である。同時に、詩に関する考察を越えることになる

（4）詩のユング的解釈

芸術作品の精神分析的解釈と同じように、詩の中に集合的無意識の元型を見出し、それによって詩を読み解こうとする人たちがいる。ユングの著作の中に元型による詩の解釈はみられないが、多くの研究者により詩の「ユング的解釈」として元型を用いた解釈が行われている。コールリッジの詩「クブラ・カーン」も、さまざまにユング的解釈がされてきた代表的なもののひとつである。[14]

このわずか五四行の詩「クブラ・カーン」が書かれた状況について、コールリッジは詩の前書きに次のように記している。その日は気分がすぐれなかったので、鎮痛剤を服用した。それが効いたのか三時間ほど椅子に座ったまま眠ってしまった。そのとき、パーチャス（Purchas, S. 1575-1626）の『旅行記』を読んでいた。その箇所は、「君主クーブラが宮殿の建設を命じ、壮麗な庭園を造らせた。城壁で囲まれた中の様子が描写されていた」という文章であったとされている。コールリッジによれば、深い眠りの中であら

ゆるイメージが「実体（things）」として浮かんできた。それをそのまま書き記した。それを詩と呼んでよいならば、二〇〇～三〇〇行ほどの詩作を行ったことになる。眠りから目覚めると直ぐに、詩「クブラ・カーン」を書き始めたが、来客があって詩作は中断され、その後はどうしても思い出すことができず未完に終わった、と書いている。詩の副題に、「夢の中のヴィジョン、断片」とある。

平井正穂（1990）は、『イギリス名詩選』の「クブラ・カーン」の訳詩の註において、このわずか五四行の詩を「神韻縹渺たる、そして鮮烈な心象に彩られたこの幻想詩は、我々の解釈を容易に受けつけないものをもっている。結局、各読者がそれぞれに解釈する他はない。私には、詩的想像力による美の創造的な形成を達成せんとする欲求が、無意識のうちに作者の内部にあったように思われる」と言っている。この短い詩が、フロイトやユングの所説により解釈が試みられるのは副題の「夢の中のヴィジョン」の「夢」と「ヴィジョン」のためであり、この詩の前半と後半の内容を統一的に理解することの難しさのためである。

「クブラ・カーン」の解釈にフロイトやユングの所説を適用している人たちに、グレーヴズ（Graves, R. R., 1924）、ボドキン（Bodkin, M., 1934）、ヘニンガー（Heninger, S. K., 1960）、キング（King, B. B., 1981）などが知られている。田村謙二（1997）も、『コールリッジの創造的精神』において「クブラ・カーン」のユング的解釈を試みている。この五四行の詩の注釈に、ローズ（Lowes, J. L. 1930）は著書の一〇〇頁を、シュナイダー（Schneider, E., 1953）は創作の年月の推定などに著書の三〇〇頁と詩そのものについて五〇頁を費やしている。[15] それにもかかわらず、この詩の全体を通じての意味は依然として明らかにされていない、と英文学者の斉藤勇（1978）は指摘している。詩の言葉の由来について、ある程度の知識は必要であるが、これほどの知識がなければ「クブラ・カーン」を読むことができないのだろうか。もしそうであれば、それはもはや詩ではあり得ないのではないか。

詩を読み解くために、フロイトの精神分析的方法を適用することは、詩人に治療を必要とするほどの精神的障害が認められる場合には妥当な方法と言えるが、それでも詩が病気の結果であるか否か疑問がある。コールリッジが、詩「クブラ・カーン」を書いた当時、治療を必要とするほどの精神的障害の状態にあったとする事実は認められないゆえに、この詩についてはフロイト流の精神分析的解釈は除いてもよいと考えられる。

次に、ユングの分析心理学的解釈を「クブラ・カーン」に適用することの是非の問題がある。この詩の副題に「夢の中のヴィジョン、断片」とあり、午睡中に見た夢を詩に書いたというコールリッジの言葉と、詩（芸術作品）は集合的無意識により作られるというユングの所説が、「クブラ・カーン」に分析心理学的な解釈を試みさせると考えられる。それらの試みの多くは、詩の言葉にユングの元型との類似と集合的無意識からの象徴を見出そうとするもので「ユング的解釈」と呼ばれている。

ユングは、「分析心理学と文芸作品の関係」と「心理学と文学」において、ゲーテの『ファウスト』第二部とニーチェの『ツァラトゥストラはかく語りき』に元型との関係を示唆しているが、「グレートヒェン—ヘレナ—永遠に女性的なるもの」をアニマ、フランチェスコ・コロンナ（Francesco de Colonna, 1433-1527）[16]の作品のポーリアをアニマの人格化としている以外、詩の中にどのような元型が認められるかを示していない。フランスの古い「驢馬祭り」の賛美歌にトリックスター元型を見出しているが、民俗芸能に属するもので、詩人による詩ではない。[17]

いわゆるユング的解釈の第一の問題は、詩「クブラ・カーン」が実際に夢の中で作られたものであるか否かである。この詩に分析心理学的解釈を適用しようとするならば、この詩が夢の中で書かれたという証拠を、副題の「夢の中のヴィジョン」の他に、詩の中に見出す必要がある。そして、この詩の全てが「夢の中」で作られたものでないとするならば、どの部分が夢なのかが示されなければならない。斉藤（1978）は、この詩の前半の三六行について、「この詩が夢の中で作られたとしては、あまりにも正確な描写が多い。しかしそれだからと言って、写真のように自然を写した風景であるとは言えない」として、この前半の部分について、フロイトやユングの所説による解釈を無用の詮索と排除し、「生き生きとしたイメージに富む詩の一例」であるとしている。

この詩は、パーチャスの『旅行記』の中のクブラ・カーンと壮麗な宮殿についての記述に誘発・誘導されたことは確かである。そして、詩の前書きにも見られるように、夢の中で出現した二〇〇〜三〇〇行の詩の断片やイメージを基に、詩人の詩的能力（想像力）と詩作技法によりこの詩が作られたと考えられる。それゆえ、詩の全てを夢に基づいて解釈することも、また夢の関与を全て否定することも適切ではない。

ユング的解釈の第二の問題は、詩を集合的無意識の元型に関係づけることである。ユングは、「集合的無意識の概念」（初版 1936, 引用は 2007）において、元型の主要な源泉は夢であるが、「元型的モチーフを探す場合、夢を見た人が知ることのできないものであり、…元型の働きについて歴史的資料から知られると同じように振舞うモチーフを探さなければならない」としている。夢の中に現れたというだけでは、元型の証拠にならないのである。

夢の他に、元型のもうひとつの源泉は、いわゆる能動的想像（アクティブ・イマジネーション）で、意図的・意識的に注意を集中することによって産み出される一連の空想である。ユングは一連の空想が明るみに出されると無意識が鎮静化し、元型的な形式に富んだ材料が現れるとしている。この方法は、注意深く選び出された特定の事例にのみ適用すべきで、危険が伴うとも指摘している。

キングは、「クブラ・カーン」の分析にアニマ、影、老賢者、マンダラ、パラダイスなどの元型を用いて詩の意味を明らかにしようとする。田村は、詩の中のイメージを太陽に結びつくものと月に結びつくものに分け、前者には「陽のあたる歓楽宮」「明るい庭」「日あたりのよい緑地の深林」などが、後者には「日の眼を見ない海に流れ落ちる聖なる川」「欠けゆく月を連想させる狭間」「氷の洞窟」などがあるとして、詩がマンダラの象徴的表現であると言う。

しかしながら、ユングの元型に関する論文には、いわゆる詩のユング的解釈がない。それはなぜであろうか。おそらく、ユングであっても、「夢」と「夢でないもの」、「能動的想像」と「能動的想像でないもの」を、詩の中から分離・抽出することが困難であり、また「心理的」と「幻想的」の二つの詩作態度が状況により変化・交代し、またこの二つの詩作態度が互いに影響し合っているため、詩は元型を抽出するには難しい素材であるためと考えられる。集合的無意識の内にある元型は、作品の形成を導く統制原理として描かれた作品の中に現れるとしても、プラトンのイデアやカントの理念に類似し、その存在が仮定される元型を説明の手段（道具）とすることには注意深くなければならない。「クブラ・カーン」のような短かい詩の言葉から、いくつもの元型を見出そうとするならば、フロイト流の象徴の解釈と同じ誤りをすることになる。それゆえ、詩のユング的解釈は、方法論的に問題があり、過剰な解釈を招き、成功するとは限らない危険な試みであるとしなければならない。

詩の中の比喩や暗示は読み解かなければならないが、斉藤（1978）はケア（Ker, W. P., 1855-1923）の次のような説明を妥当なものとしている。すなわち、「第一部（前半の三六行）は歴史的であり、また叙述的である。そしてこういう用語は馬鹿気たほど散文的に見えるかもしれないが、適切ではある。第一部が読者に語ることは、大王クブラが上都において何をしたか、また彼の庭園がいかなるものであったかである。しかし第二部において、ダルシマー琴を携えている少女は、詩作上の新しい方法、即ち description（記述）ではなく aspiration（熱望）を導入している。そしてそのあこがれは詩人が詩作上の正しい奇蹟を求める心である。また、この詩において、コウルリヂがなし遂げたいと言っていたことを、彼は真になし遂げている。詩人の仕事は音楽の調べによって造り出すことのほかに、何があろう。ダルシマーを持っている少女と、その楽器と声楽とは、詩によって空中に歓楽宮殿を築きあげ、そしてそれを聞く人々はそれを見るのである」[18]。詩「クブラ・カーン」は前半と後半で突然変化するが、コールリッジの詩の論理に矛盾はなく、ユング的解釈なしに全体がひとつのイメージを形成しているすぐれた詩として読むことができるとした。

ユングの詩に関する所説を詩「クブラ・カーン」に適用するならば、この詩の前半はユングの「幻想的」な詩作態度により、後半は「心理的」な詩作態度により書かれ、ひとつの詩の中で二つの詩作態度が交代した詩とみることができる。詩作態度の交代は、「クブラ・カーン」ほど明らかではないが、大岡信（1968）の詩「わが夜のいきものたち」の詩作過程にもみられる。第一章の「4　詩作過程の事例」でこの詩の「断章」と「詩」の分析から、「詩」のはじめの部分は特異な感情状態が、「詩」の後半は詩人の意識的な思考が大きく働いていることを指摘した。詩「クブラ・カーン」も、「幻想的」な詩作態度により誘導され、「心理的」な詩作態度により作られた詩ということができる。詩人の「あこがれ」と「試作上の奇蹟を求める心」こそ、この詩の内容なのである。

クブラ・カーン（忽必烈汗）

忽必烈汗《フビライ・ハン》は上都《じょうと》の地に、
壮麗な歓楽宮の造営を臣下に命じた。
その地に流れる聖なる河アルフは、
測り知られぬ深さをもつ洞窟に流れ込み、くぐりぬけ、
　光の射さぬ地底の海へと注いでいた。
広さ十哩《マイル》四方にも及ぶこの肥沃の地は、
その周囲を高い塔と城壁でめぐらされていた。
また、そこには、曲りくねった幾筋もの小川に潤され、
馥郁《ふくいく》たる香木が爛漫と花を咲かせている荘園もあった。
そして、鬱然たる古い森、また丘が、
燦々《さんさん》と輝く緑の野を囲んで点在していた。

だが、見るがいい！　杉の木立を引きさき、
緑の山腹を抉《えぐ》るあの深く異様な亀裂は何としたことか！
まさしく荒々しい光景！　厳かとも魅惑的ともいえる
その姿には、欠けてゆく月の光を浴び、魔性の恋人を慕って
泣く女の姿をしのばせるものがあった！
この無気味な亀裂からは―あたかもこの地そのものが
息絶えんとして喘《あえ》いでいるかの如く―巨大な泉が滾《たぎ》りたち、
一瞬の途切れもなく、鬱勃と吐き出されていた。
その奔騰する飛沫と飛沫の間をぬい、巨大な岩石が、
荒れ狂う雹《ひょう》さながらに、或いは殻竿《からさお》に打たれた
籾殻《もみがら》さながらに、無数に飛び散っていた。
かと思うと、忽《たちま》ちそれらの舞い上がる岩石のあとをおい、
その巨大な泉は、聖なる河の水を空高く吹き上げていた。
迷路さながらにくねくねと曲がり、森を通り、谷間に沿い、
聖なる河の流れること、まさに五哩に及んだ、―
そして、やがて、測り知られぬ深さをもつ洞窟《どうくつ》に達し、
轟々《ごうごう》たる音響をたてて死の海へと沈んでいっていた。
その轟音のうちに、戦いを予言する太古の声が、

遙か遠くから忽必烈汗の耳に達していた。

歓楽宮は巨大な泉と洞窟の間に漂う
波間に漂蕩《ひょうとう》として影をおとしていた。
音の調べがその泉から流れ出、また洞窟からも
流れ出て、一つになり、あたりに響いていた。
まさに奇蹟ともいうべき創意工夫の極地であった、
氷の洞窟を擁して太陽に燦《さん》として輝くこの歓楽宮は！

ダルシマーを抱いた乙女の姿、
私はかって幻の中で見た。
彼女はアビシニアの娘で、
ダルシマーを奏でながら、
アボーラ山について歌っていた。
もしも、彼女のあの楽の音と歌が
私のうちに蘇《よみがえ》りさえすれば、
私は歓喜の念にみたされ、
朗々たる調べを奏でながら、

あの歓楽宮を空中に築けるかもしれないのだ！
そうだ、あの輝ける歓楽宮を！　あの氷の洞窟を！
かくして私の調べを聞いた者はみな、それらの姿を見、
口を揃えて叫ぶはずだ、——見ろ！　気をつけろ！
彼のあのきらきらした眼に、あの風に靡く髪に！
彼のまわりに三度輪を描き、
厳かに眼を閉じるのだ、——
彼は甘美な神酒を飲み、
楽園の乳を飲んだ人間に違いないのだから、と。

（平井正穂訳、平井正穂編『イギリス名詩選』岩波文庫 2007）

第三章　詩歌療法の理論

詩が心を癒し、希望と勇気に与えることは古くから知られていたが、詩を用いた心理療法は一九二八年アメリカのエリ・グライファー（Eli Greifer, 1902-1966）が精神的に悩んでいる人々に詩を処方したことから始まったとされている。[1] その後、グライファーは精神科医リーディ（Leedy, J. J.）と出会い、ニューヨークのクリードモア州立病院などで患者の詩のグループを作り、六年間にわたりリーディらと詩を用いた心理療法を行った。この時、それまでこの心理療法を詩療法（Poem Therapy）と呼んでいたが、詩歌療法（Poetry Therapy）という用語に改めている。心理療法としての詩歌療法は、グライファーとリーディの出会いにより始まったと言うことができる。

リーディが編者となって『詩歌療法――情動障害者の治療における詩歌の使用』が出版されたのは一九六九年であった。その四年後にリーディ編『詩――癒すもの』（1973）が出版され、そして一九八一年『アメリカ精神医学ハンドブック』の第二版に初めて詩歌療法のために一章が設けられた。このハンドブックには「進歩と新しい動向」という副題がつけられ、ヘニンガーにより詩歌療法がかなり詳しく紹介された。ヘニンガーは、著書・論文七九編をとりあげているが、フロイトの「詩人と白昼夢の関係」(1949)[2]のほか論文二編と著書一冊を除いてすべて一九六九年以降の論文であり、そのうちリーディによる二編著から三三編の論文が引用されている。それゆえ、詩歌療法が心理療法として認められるにあたって、リーディらによる研究が大きな役割を果たしたと言うことができる。一九八七年には専門誌『詩歌療法雑誌』(*Journal of Poetry Therapy*)が発刊され、詩歌療法は新たな展開を示した。

本章では、実証的研究に基づいて最初に詩歌療法を理論的に考察したリーディ、『アメリカ精神医学ハンドブック』に詩歌療法を初めて紹介したヘニンガー、そして最近の研究成果をまとめたマッツア(Mazza, N., 2003)の所説を取り上げることにした。

1　リーディの詩歌療法

過去一〇年間の臨床経験から、リーディは詩を用いた心理療法について次のように言っている。詩歌療法にとって重要なことは、治療に用いる詩を適切に選ぶことである。詩を選ぶにあたって、患者の感情と詩の気分や精神的リズム(テンポ)が類似していることが重要であり、抑うつ患者の場合、詩は悲しく物憂げな雰囲気がありながら、詩の終わりに向かって希望とオプティミズム(楽観主義)が感じられるものがよい。このような詩を読み、記憶し、引用し、あるいは自分も作ることによって、抑うつ患者はこんな状態にあるのは自分ひとりではないことを知り、またそのような状態にあった人が回復したことを知るようになる。絶望も理解してくれる誰かと分かち合うことができるならば、回復可能であるとしている。

では、抑うつ状態にある人には、具体的にどのような詩を処方したらよいのであろうか。リーディは次のような詩人の詩を上げている。カーライル（Carlyle, Th.）の「今日」、クーパー（Cowper, W.）の「暗闇から輝く光」、ホームズ（Holmes, O. W.）の「鸚鵡貝《オウム》」、ランドー（Landor, W. S.）の「あなたは話し、語った、私は信じた」、ロングフェロー（Longfellow, H. W.）の「日は暮れる」、「雨の日」、ミルトン（Milton, J.）の「失明」、シェリー（Shelley, P. B.）の「西風のオード」、スティーブンソン（Stevenson, R. L.）の「申し分ない外科医」、トンプソン（Thompson, F.）の「不思議でない国で」、賛美歌二三の「主は羊飼い」、ホイッティアー（Whittier, J. G.）の「私の魂と私」、「痛切に感じる光」「永遠の善」などである。[3] そして、希望を与えず、人生が無意味だとする詩、罪悪感を増大させるような詩、見捨てられ、復讐し、頼るべき者がいないとする詩、自殺を示唆し賛美するような詩、沈黙をすすめ、言葉による表出を妨げる詩、悲観的で自己破滅的な愛の詩などは、避けねばならないとしている。

詩歌療法は、患者に感情を表出するように促し、情緒的混乱に耐え克服し、人生観を確かなものにするよう援助する。集団詩歌療法は、参加者が同じ症状の患者である必要がなく、たとえば統合失調症の患者や知的障害者が一緒であっても、他の人々と一緒に詩を朗読することは楽しく、自我を強化し、不安を減少させ、内向性を和らげ、心理的な抑制を弱める働きがあるという。そして詩を覚えることは患者に大きな治療効果をもたらすとしている。それゆえ、詩歌療法を集団に適用するとき、詩が関係すると考えられる無意識的なもの、夢、空想、動機づけなどのすべてが、予め治療者によって検討されていなければならない。どのような詩が詩歌療法にとり好ましいかについて、リーディは詩のリズムが規則的で、心臓の鼓動に近い詩が効果的であるとしている。そして詩歌療法に用いられる詩は、すぐれた詩や有名な詩ではなく、病める人を癒すことのできる詩であり、シェイクスピアよりもロングフェローの詩が、ミルトンよりもヘリック（Herrick, R.）の詩が、ダンよりもグライファーの詩が、ソフォクレス（Sophoclēs）よりもホームズの詩がよいとしている。これらの詩は、専門的な知識や素養のない人々でも理解ができ、容易に共感できる詩であると言っている。

2　ヘニンガーの詩歌療法

一九八一年の『アメリカ精神医学ハンドブック』第二版に詩歌療法を初めて紹介したのは、ヘニンガーであった。七九編の関係する文献をレビューしたヘニンガーは、詩は内面的な苦悩や動揺を処理するために人間が作り出した技法のひとつで、詩を読み書くことは心を表出させ、コミュニケーションの手段になるとして、詩歌療法の特徴、理論、そして適用についておよそ次のように記述している。

（1）詩歌療法の特徴

ヘニンガーによれば、詩歌療法は独立した心理療法ではなく、感情の解放と洞察を効果的に行うための補助的な方法であると言う。詩を用いることで、心理療法への導入を容易にし、思考を活発にし、不快や苦悩の原因を明らかにできるとする。そして詩歌療法が個人療法としても集団療法としても用いられるのは、次のような効果が認められるためであるとした。

①自分を表出させる——詩歌療法は、患者が自分の感情を表現していると思う詩を読み、あるいは自分で詩を書くことにより、自分自身をあるがままに表出できるように援助する。そのために、患者はセラピストあるいは訓練された詩歌療法士の指導を受けることになる。

②洞察を導く——詩歌療法は、患者に自分の内面を観察させ、問題や障害を表出させることにより、自分自身への洞察を容易にする。詩を読み書くことは、治療者にとっても患者にとっても、患者の心の仕組みを知るためのよい手段となる。詩は、患者の心の動きを明らかにするために役立つ。

③助言・説得する——詩は、直接あるいは間接的に、患者に他の考えを受け入れるように促し、援助し、説得するのに用いられる。詩による助言・説得の方法は、患者に各種の記事、パンフレット、あるいは本を読むことを指示する読書療法と類似している[4]。詩には明らかに助言的で教訓的な詩があり、そのような詩がブラントン（Blanton, S., 1960）の『詩歌療法の癒しの力』の中に集められている。

④創造性を刺激する——詩を読み書くとき、患者の内面にあるバラバラなものをひとつの「まとまりのあるもの」にしようとする努力がみられ、創造性を刺激する。ヘニンガー（Heninger, 1977）は、この「まとめる」という行為がしばしば現在の心理的状態に新しい秩序を与え、ユニークでオリジナルな詩を生み出すとしている。

（2）詩歌療法の理論

ヘニンガーは、心理療法における詩の使用は、患者にとり安全で安心できる心の表現方法であり、密度の濃い情緒的な会話を可能にし、その結果治療効果が得られるとする。詩歌療法による治療効果を換気作用とカタルシス、診断、援助、積極的な克服、自己理解などについて考察している。

①換気作用とカタルシス

詩歌療法は、患者の心の奥にある悩み、恐れ、不快、欲望、衝動などを外へ表出させようとする（換気作用）。悩みの表出には強い感情的な反応（抵抗）を伴うが、そのため苦痛の感情が浄化され無意識の緊張が解放される（カタルシス）。詩人が、詩を書くのは不安のためであり、前意識あるいは無意識の領域に詩の素材を見つけ、個人的な葛藤を詩に書き、緊張を解消させる。詩を書くことで、激しい感情は心の奥から流れ出し、怒りと憂うつは追い払われる。詩は人間の感情の貯蔵庫ゆえに、患者が自分の悩みを表現している詩に出会い読むとき、詩の秩序だった流れは鬱積した感情を自然に放出させ、重荷を背負った心を解放する。

詩は、悩みを告白するためにも用いられる。患者は、詩を読み書くことで、恐れや露わにできないもの、最も私的な自分を、その存在の最も深い部分を恥ずかしがらずに表出することができる。自我は、禁止・抑圧された衝動を解放し解消させるための安全な出口を探しており、詩歌療法はそうした衝動を罪悪感や羞恥心を感じさせずに解放することができる。

②診断

詩人は、自己を分析する優れた観察力を持っており、詩人の洞察力、鋭敏さ、深さは普通の人よりはるかに優れており、人間の行動が科学の対象となる遙か以前から、自分を白日の下に曝し、人間を分析してきた。そのような詩人により書かれた詩を読むことによって、患者の自分自身への観察、内省、自己分析の力は強められる。そのため、患者の言葉は、適切・明瞭なものとなり、正しい診断と心理療法を効果的に行うことに役立つ。

ヘニンガーによれば、詩人や患者による詩作は、心的生活の表現であり、自覚されていない個人的な問題に気づかせ、その背後にある心の仕組みに目を向けさせる。詩は、真実の探求者のように、思考と感情を表現する言葉に偽りのない誠実さを求め、隠されていた自己を露わにし、本質的自己と呼びうるものに深く関係する。それゆえ、詩人も患者も詩に自分の悩みをありのままに表現し、書かれた詩はその人がいかに生きているかを素直に反映したものになるという。詩歌療法は、自我を研究するための新しい方法であり、詩を用いることで自我にはっきりとしたイメージを与えるとしている。

③援助

詩は、自分の問題が他の人と似ていることに気づかせ、その結果他の人々との結びつきが生まれ、思考と感情が共有されるようになる。この共有は、対人関係を改善し促進させる。共有されるものが、たとえ絶望であったとしても、詩を通して他の人に親近感を感じ、対人的な障害が克服される。それゆえ、詩は、他の人に援助を求める手段にもなる。

また、詩を読むことによって詩人の自我の強さ、葛藤の処理・対処の仕方を学び、心に拠り所を与える。詩は、自我を維持するためにも、自分の感情を確かめ、懐疑と不安を減少させるためにも用いられる。

④積極的な克服

詩の言葉には、混沌（カオス）に秩序を与え、無意識のさまざまな力にまとまりを与えると共に、剥き出しの情動を浄化する働きがある。詩を読み書くことにより、感情的に耐えられないものにも向き合えるようになる。詩は、悩みを生じさせている心の奥底にあるものを比喩の言葉を用いて表現し、積極的に克服するための言葉に置き換える。また個人的で一時的な苦痛を人間の普遍的なものへと転換させる。

詩歌療法における詩の使用はセルフ・ヒーリング（癒し）のためであるが、マーロー（Meerloo, J. A., 1969）は、第二次世界大戦中の強制収容所で自由を奪われた人たちが自分たちを精神的崩壊から救うために、いかに積極的に詩を用いていたか報告している。詩を読み書くことは、自己同一性の感覚を維持させると共に自己を成長させる。それゆえ、詩は自己治療者であると言う。

詩を読み書くことは、人生において起こるかも知れないことを予め経験し、精神的な健康を維持し、より統合された人格の形成に役立つ。ある人は、詩を経験の琥珀化と呼ぶ。心の奥底にある思考や感情を詩に封じ込め、保存し、必要なときにいつでも取り出して検討することができるという意味で、そう呼んでいる。

⑤自己理解

詩や文学の特徴のひとつは、読む者の経験と理解を広げ、豊かにする働きにある。それは、自分と世界の間の架け橋を作ることを意味する。詩を読み、詩に生き生きと表現された感情が共有されるとき、他の人の心を自分の内に写し取るという感情移入を生じさせ、詩人や患者の人生がよりよく理解できるようになる。詩には、自己への理解を深め、自分を支える力がある。

⑥安心と安全

詩人も患者も、詩という安全な方法を用いて鬱積した感情を表現することができる。詩ならば心の傷を詩の中に織り込むことによって、激情の暴力から自分自身を守り、多くの受け容れ難い観念や感情を安全に社会的にも受け容れられるような形で表出することが可能になる。そして自分の書いたものを詩神ミューズの所為にして、表出と隠蔽という二つの衝動を同時に充たすことができる。

（3）詩歌療法の適用

詩歌療法においては、いかに自分自身を表現することができ、いかに他の人と感情を共有できるかが問題となる。詩は、声を出して、そして繰り返し読むことが望ましく、そうすることで詩が記憶される。しかしながら、詩が心に届くには時間が必要であるといっている。詩の影響が現れるのは、数日後、数週間後かも知れないし、あるいは数十年後であるかも知れないと言う。

①個人療法

詩歌療法を個人に適用する場合、心理療法の補助的な方法として用い、患者にこれまで詩を読んだり書いたりしたことがあるか尋ねることから始めるのが最もよい方法である。患者が強い情動状態にあるとき、詩を書くように勧め書かれるならば、そのときの心理的状態が記録され、治療過程を詩により分析することができる。

また、患者との会話から感情的で重苦しい言葉や表現を選び出し、患者にそれらを用いて詩を書くように勧める方法もある。あるいは治療者が患者に読む詩を紹介（処方）してもよい。そして、患者は、詩を読むことで感じる想いや感情を自分と結びつけるように促される。治療者によって処方された詩は、治療者がいなくとも患者への影響力を持ち続ける。

②集団療法

集団療法は、他の人々と一緒に詩を読むことで共感と感情のカタルシスを体験させることを意図して行われる。集団療法では、はじめによく知られた詩が用いられることが多く、その後に自分の詩を朗読するように勧められる。詩の作者が何を言おうとしているか考え、他の人々がその詩にどのように反応しているかを知り、詩に表現された感情がいかに人々の間に広がるか感じとることを重視する。

詩を読むことから生じた感情を互いに語り合うように言っても、患者は個人的な問題に触れるのを避けようとするかもしれない。そのような場合、語り合うことを治療者が安全と考えるところで止めねばならない。また、治療者の個人的告白や強い感情の表出は避けねばならない。

③適用が望ましい人

どんな人が、詩歌療法の対象にふさわしいか。それは、自分自身を表出・表現できない人であり、孤独で、引っ込み思案で、意思の疎通が悪く、不器用で、思考が固く、融通性のない人である。詩歌療法は、重い精神障害のある人を除いて、自分について洞察（自分への見方を変える・認知的変容）を必要としている人にとり効果的な方法である。これまで詩を書き、詩について話したことのある人には特に有効である。

④適用が望ましくない人

治療者が定期的に診ることのできない患者に詩を処方するのは危険である。自分の考えや感情を追究することに耐えられない者に、この療法を用いることは賢明ではない。重大な脳損傷、反社会的な社会病質、急性の精神病、麻薬常用者などには、詩歌療法は勧められない。また、詩を著しく誤解したり、詩のイメージをあまりにも文学的に捉える者も避けた方がよい。詩歌療法を万能薬とみなしたり、狂信的な者にも用いない。詩歌療法は誰に対しても適用できる療法ではないからである。

⑤治療者の訓練

詩歌療法を行うためには、専門的に訓練された治療者（詩歌療法士[5]）が必要である。この療法を行う者は、詩と心理療法を安全にしかも効果的に行うための訓練を受けねばならない。少なくともどの詩がどんな症状にもっとも効果的であるか知っている必要がある。詩の魔法の言葉を学んでも、その言葉をどのように扱ってよいか分からない治療者、魔法使いの弟子症候群[6]の治療者は、この療法を用いてはならない。

詩歌療法のための訓練には、心理学と精神医学を含む心理療法、詩についての文学論、意味論、行動としての言語、文芸批評などを学ぶ必要がある。そして長期の臨床研修も必要で、重要なことは詩を行動の科学に関係づけることである。

＊

これまでヘニンガーの詩歌療法に関する所説をかなり詳しく紹介してきたが、詩歌療法をフロイト派の精神分析療法やロジャース派のクライエント中心療法にも、また認知（行動）療法にも関係づけていないのは、詩歌療法がどの心理療法においても用いることのできる補助的な方法であるためと考えられる。詩歌療法が他の心理療法の補助的な方法であっても、洞察と感情の解放を効果的に行うための「言語的表出」と他の人々との「感情の共有」に関する指摘はきわめて重要である。しかしながら、詩を読むことについては読書療法と、詩作についてはナラティブ療法[7]と類似している点もあるが、詩歌療法と他の療法との基本的な違いは言語的表出行動における「言葉の圧縮と比喩」にある。この詩の本質的な特徴による効果については、ほとんど触れられていない。ヘニンガーの考察は、この点への意識が曖昧であるが、詩歌療法の臨床への適用に関しては示唆に富んでいる。

3　マッツアの詩歌療法

マッツア（Mazza, 2003）は、『詩歌療法』の中で詩歌療法の基礎理論としてフロイトの精神分析、ユングの分析心理学、アドラーの個人心理学、ゲシュタルト療法、モレノの心理劇、そして最近のナラティブ・構成主義療法に言及している。しかし、いずれの理論についても詳しい考察はなく、詩歌療法とそれらの理論や療法との関連性を指摘しているにすぎない。しかし、詩歌療法の臨床的適用については、かなり詳しく記述している。

（1）詩歌療法の理論

フロイトには詩の治療的効果についての考察はみられないが（第二章の「2　詩の動機づけ――フロイト」を参照）、詩を心理療法に用いようとするとき、多くの臨床家はその理論的な基礎を精神分析的な理論に求めている。そして、空想と文学的作品の起源は、無意識、本能的願望、葛藤にあるとして、詩作を含むライティング（言語的表現）の心理治療的効果を無意識と前意識から説明している。マッツアは、精神分析的な立場から心理療法における散文と詩の重要性を指摘したディアズ（Diaz, C., 1996）を引用して、詩の治療的効果は患者が詩に注目することに始まり、詩の内容を考えることで詩人の葛藤をよりよく理解するようになり、治療を妨げる感情転移‐逆転移の抵抗を取り除くことができるとしている。フロイト派においては、詩は前意識と無意識にある情動的なものに形（言葉）を与えることで内的な葛藤の解放を促し、象徴化が行われるとする。象徴化は、詩歌療法にとっても精神分析療法にとっても、混乱した自己を再体制化し、統合し、表象（イメージ化）するための手段になるとしている。

分析心理学については、マッツアは、ユングの「心理学と文学」と「分析心理学と文芸作品の関係」の二論文を直接考察することなく、ユング派の臨床家の所説を手掛かりに、ユングの詩と詩人についての考えを次のように説明している。ユングによれば、フロイトが無意識の存在を暗示するとした象徴《シンボル》は意識下で起こっている事象の徴表《サイン》あるいは症候《シンプトン》であって、象徴はより深い意味を持った用語であるとする。そして、詩を精神分析的に解釈することに反対し、詩人と詩に独自性を認めた。詩人は、創造性によりユニークな言葉の使用と言葉に新たな意味を与えてきたと言う。

さらに、マッツアは、分析心理学の観点から芸術作品を考察しているホワイトモントとカウフマン（Whitmont, E. C., & Kaufmann, Y., 1973）を引用して、フロイト派の理論は芸術的作品を芸術家の家族関係や幼児期のトラウマの跡をたどり分析し解釈するが、霊感《インスピレーション》を受けた芸術家は、生育歴や過去の体験を超えた存在であるとする。作品は、普遍的で永遠なものの個人的な表現であり、元型的（archetypal）な欲求を目に見えるものに表現したもので、「芸術家は、自分の内面の抗しがたい力ゆえに創造する」のであって、神経症のためではないと言う。ユングの理論は、治療モデルを成長モデルへ変えたところに特徴があるとしているが、元型をどのように詩歌療法に適用するかについては触れられていないし、いわゆるユング的解釈についても言及していない（第二章の「3　詩を生み出すもの――ユング」を参照）。

アドラー（Adler, A., 1954）の個人心理学も、詩歌療法に関係するいくつかの興味ある概念を提示していると言う。アドラーの理論は、個人を社会的文脈の中で理解しようとするところに特徴があり、人間の生得的な言語的－象徴的反応能力の概念は最も重要なものと考えられている。なぜなら、対人関係は象徴《シンボル》と言葉を通じて形成されるからであり、創造的自己も個人の経験のユニークさも社会的文脈の中で見出され、作られるからである。また、アドラーの仮想的原因論は、詩歌療法に深く関係していると言い、人は過去の経験よりも未来への期待によって大きく動機づけられ、到達すべき目標が示されることによって、生きているという仮想《フィクション》が作られる。この仮想は、現実によって要求される時点では有用であるが、多くは忘れ去られる。このような考えは、おそらく現実と空想《ファンタジー》の間を行きつ戻りつする詩人についてのフロイトの考えに由来するのではないかと言っている。

マッツアは、次のようなアドラー（1954）の言葉を引用している。人の生き方と詩人の能力及び作品の関係について、「周りの世界の事物と密接に結び付いて分離できない全体としての個人の生、行為、そして死を表現する詩人の能力は、賞賛に値する。ある日、芸術家は、絶対的な真理への途に向う人類のリーダーであると気づくようになる。個人心理学の洞察に私を導いた芸術作品の中で、妖精の物語、聖書、シェイクスピアそしてゲーテの作品は最高のものである」と。フロイトと同様にアドラーも、詩人の洞察と感受性の重要性を認めるが、アドラーの関心は精神の内的世界よりも対人的関係の世界（社会）にあったとしている。

（2）詩歌療法の臨床への適用

マッツアは、クライエントが臨床場面で文学作品を読み、書き（ライティング）、物語り（ストーリーテリング）、その他の表現活動を行うとき、詩歌療法の技法が適用できるとする。詩歌療法を使用するときの技法を詩歌療法モデルと呼び、次の三つの要素から構成されるとしている。①文学作品を治療に導入するときに必要な感性的・指示的な要素、②治療過程においてライティングに必要な表出的・創造的要素、③隠喩《メタファー》、儀式、ストーリーテリングに必要な象徴的・儀式的要素である。これら三つの要素は、経験の認知、感情、行動の研究にも必要なものであり、この詩歌療法モデルは多くの心理療法のモデルになり得るとしている。

①感性的・指示的要素――詩の使用

詩歌療法において用いられる一般的な技法のひとつは、一人あるいは集団で詩を読み、感想を語り合うことである。それゆえ、治療者はその詩についての自分自身の反応と、クライエントがどのような反応をするか予め検討しておく必要がある。さらに、詩と治療過程の関係についても検討しなければならない。たとえば、クライエントが仕事や家事が思い通りに行かないという不満を言うとき、「思い通りに行かない」という言葉を「ぐずぐずする」あるいは「失望する」という言葉に置き換えるならば、アメリカの詩人ヒューズ（Hughe, L.）の詩「ハーレム」[8]は、「ぐずぐずしている人」の夢の結末を語っており、この詩をクライエントに処方することにより感情的同一性が形成されるようになると言う。

詩について質問をするとき、「その詩はあなたにとって何を意味しますか」「あなたの心に響く詩の行はどこですか」「あなた自身を思い起こすような詩の行がありますか」と問うことである。このように問うことで、感想が詩全体、詩の特定の行、詩のイメージに向けられる。その結果、クライエントは、現在の自分の感情、人生の目標や価値観を語るきっかけとなり、詩あるいは詩の結末を書き換えるようになる。最後に、どんな気分のときでも読むことが好きな詩や聴くことの好きな歌について尋ねる。

マッツアは、詩歌療法においてクライエントの気分《ムード》に近くしかも肯定的な結末の詩がよいとするリーディ（Leedy, 1969）の考えと、「結末のない」詩[9]は自己探求を促すとするレスナー（Lessner, J. W., 1974）の考えを紹介し、結末のない詩の例としてクレイン（Crane, S.）の詩「このぼろぼろのコートを脱ぐことができたなら」[10]を上げている。これに対して、ギブラン（Gibran, K.）の詩「結婚について」[11]は、教訓的で指示的であり、明白なメッセージを伝える詩であると言う。また、詩人による詩ばかりでなく、ポピュラーソングの歌詞を用意し、歌をテープで聴くことは、この技法の応用のひとつであるとしている。

これまでも指摘されてきたように、どのような詩を選んだらよいかという問題は、詩歌療法を用いる誰もが直面する最も困難な問題のひとつである。クライエントの感情状態に類似し肯定的な結末になる詩がよいとするリーディの同質性の原則も、もしクライエントが自分の感情を隠し、あるいは治療者の感受性の欠如のためクライエントの絶望感の深さがわからない場合には適用することが難しくなるという。ハイネス（Hynes, A. M., 1987）は詩を選ぶ基準について、ロルフら（Rorfs, A. M., et al., 1988）は詩を選ぶことの重要さと転移・逆転移の問題について検討している。ロシッターら（Rossiter, C., et al., 1990）は、詩が治療過程に与える影響は、考えられている以上に大きいと言っている。

②表出的・創造的要素――ライティング

詩、物語、日記、手紙を書くという行為〔ライティング〕は、クライエントが感情を表出し、心の安定と現実性〔リアリティ〕の感覚を取り戻すために有効な方法である。ライティング〔言語的表現〕には、話題や表現形式に制約のない自由ライティングと内容や表現形式に一定の制限を設ける半構成的ライティングがある。後者の方法には、書き始めを、たとえば「私が独りでいるとき、…」「もしあなたが私を知っていたら…」のように内容を方向づけ、ゆるやかに制限する方法である。コック（Koch, K. 1970）は、子どもを対象にして、どの行も「私は…したい」で始まる詩を書くように求め、あるいは「私はいつも…であった、〔行を改めて〕しかし今は…」のように対照的に書くことを求めるなど、いろいろな技法を用いている。

マッツアは、小学校四年生の子どもに「もしなれたら…になりたい」という詩を書かせた例をあげている。それは次のような詩である〔訳は大意〕。

もしライフガードになれたら
浜辺で人々を救いたい
「サメだ、こっちにいっぱい来るぞ」と大声で叫ぶ
メカニックになれたら

レースカーを直す
あるいは警官になれたら
陸上競技の花形でも
プロのフットボール選手になれたら
………
それらはみんな私がなりたいと思っているもの
でも　いまは
いま私が望むのはわたしであること。

この詩は、たくさんの職業をあげ「なりたい」と言うが、最後に「なりたい」のは自分自身であった。「もしなれたら…になりたい」という詩句は、自分を見つけるための触媒のような働きをしたとしている。

クラスターリング（集束法）は、リコ（Rico, G., 1983）によって開発された創造的ライティングの技法のひとつで核となる言葉を中心に、人、記憶、感情、場所などの関わりを枝分かれのように描画する方法である。この方法は、「不安」のような核になる言葉が帯びているネガティブなイメージを解消させるときに用いられる。

日記ライティングは、個人それぞれの仕方で考えや感情を表現することができ、露わにできない心の内の感情を解放することができる方法である。日記ライティングには、出来事の単純でまとまりのない記録から考えや行動を克明に記述する記録までさまざまな形式があり、スクラップブック、自叙伝、個人史なども日記ライティングのひとつとみなされる。それぞれの方法は、いずれもクライエントの時間的展望と自己の連続性の感覚に影響を与えるとされ、日記に何を書くかは治療目的とクライエントが求めているものによるとしている。日記の内容を治療者と共有するか否かはクライエント次第である。

手紙ライティングは、治療者と顔を合わせることがないため抵抗が少なく、また聴覚障害者にも、また遠くにいるクライエントにも使用することができる。電子メールの利用は治療の可能性を広げるとしている。感情の換気作用の手段として、手紙を書くことを（誰かに送る・送らなくとも）クライエントに勧めている。

③象徴的・儀式的要素——隠喩の使用

マッツアによれば、隠喩《メタファー》が治療に使用できることは、これまで多くの人々により指摘されてきたという（たとえば Baker, P., 1985）。隠喩は、その最も基本的な意味において「あるものを示す以上のもの」であると言い、情動、行為、信念のシンボルあるいはイメージであると言う。感情状態と態度が一枚の絵あるいはイメージとして表現されるならば、それは隠喩である。隠喩が心理療法で用いることができるのは、内的（心的）な現実と外的な（外界の）現実が「私の人生はジェット・コースターである」のような隠喩により結合され、表現できるからである。ラテン系のクライエントが用いる諺（dichos）には、問題を新たな観点から再構成し、障害を取り除き、治療的関係を強めるような隠喩があると言っている。マッツアは具体的な例をあげていないが、たとえば、「食欲にソースはいらない」のような諺には指摘されているような隠喩が認められる。

マッツアは、儀式（セレモニー）もまた隠喩であると言う。儀式には事実の確認と交代の促進という二つの目的があるとする。たとえば、「（死や離婚に関わる）儀式は過去を認めさせ、過去から解き放し、先に進ませることによって終わりを告げる」ことが目的である。また、葬式での死者への頌徳の言葉も、投函することのない手紙を書き、そして燃やしてしまうなども儀式であり、隠喩であると言う。

物語るという行為（ストーリーテリング）も、さまざま臨床場面で用いられており、マッツアは詩歌療法の技法が読書療法やナラティブ療法と多くの点で似ているとするが、異なる点については全く言及していない。

（3）症例の概要

マッツアは、詩歌療法を適用した三つの症例を紹介している。

【ジョンの症例】
中学卒の三四歳の港湾労働者で、結婚し四人の子どもがいる。アルコール中毒の治療のため裁判所から送られてきた男性で、緊張しており、強制治療に怒りの声をあげる以外ほとんど喋らなかった。第二セッションから詩歌療法が用いられ、彼が最もリラックスできる時と場所について詩を書くように求めた。ジョンは次のような詩を書いた。

船のデッキにいるあなたを想像しなさい
港を眺めている
暖かい八月の夜
海は穏やかなとき

この詩は、患者が自分の働いていた環境について話し、後に仕事中でも飲酒するようになった習慣を明らかにする手掛かりとなった。仕事場では仲間のプレッシャーを感じていた。「あなたを想像しなさい…」で始まる詩の行は、治療者が彼の「生活空間」に関わりを持ち始めるきっかけとなった。

【クローデットの症例】

新しい土地に移ってきた孤独な若い女性である。詩「世界は心地よい場所であってはならない[12]」が、彼女の失われた感情的同一性を取り戻し、人生観を表出させるために用いられた。愛する人のいない不快さに関係する詩の行に反応を示した。二年間付き合っていた男性との関係が終わったことを後悔していると言った。また、彼女は、病気の両親を残してきたことを悲しんでいた。抑うつ症状が対人関係から生じていることを認めることで、治療の目標はより活動的になるように努め、両親とは無理のない仕方で連絡（電話、手紙、計画的な訪問）を取るように勧めた。その後の治療の中でホイットニー・ヒューストン（Houston, W.）が歌った「あらゆるものの中で最も大切な愛[13]」のテープが、彼女の自尊心を強め、自分を振り返るために用いられた。

【ジェーンの症例】

三三歳の女性で、結婚、二人の幼い子ども、仕事、家庭から生じるプレッシャーによる不安に悩まされていた。詩「全部は出来ない[14]」が、彼女の「スーパーウーマン」であろうとするアンビバレンスな感情（相反する感情の共存）を解消し、感情的同一性を得るために用いられた。彼女は、いくつもの仕事と要求に直面しているジレンマを意味する詩の行に共感を示した。何事も「申し分なく（完璧に）しなければならないということはない」という詩の行を選ぶことで活力を得た。その後、彼女は、完全主義者になることを諦め、そうした努力を強いない自分を評価することができるようになった。人生において彼女の選んだものが、フロスト（Frost, R., 1874-1963）の詩「行かなかった道[15]」によって育てられ、その後の彼女の支えとなった。

第四章　詩歌療法の適用

1　詩歌療法とブリーフ・セラピー

（1）ブリーフ・セラピー

ブリーフ・セラピー（brief therapy）[1]とは、一般的には心理治療をできるだけ短期間に行おうとする心理療法で、マン（Mann, J. 1980）の時間制限心理療法（time-limited psychotherpy）とミルトン・エリクソン（Erickson, M. H. 1901-1980）の影響を受けた人々による短期療法（brief therapy）が代表的なものである。この療法は、問題の原因を探り除去しようとするものではなく、現在の症状や不適応状態に焦点を当て、それを解消することを目的としている。そのためのさまざまな技法が開発されてきた。たとえば、「明日、奇跡《ミラクル》が起こって、今日話した症状や問題が全て解決していたら、どんなところが変わっているでしょうか」というミラクル質問技法、「最悪の状態を1、最高の状態を10としたら、今のあなたは何点でしょうか？　また、点数が上がった時、生活のどんなところが変わってくるでしょうか」というスケーリング質問技法などを用いて、回復後の心理的状態や生活状況の変化を具体的にイメージさせようとする。

ブリーフ・セラピーの技法的な特徴は、時間の制限、目標の限定、焦点《フォーカス》の維持、セラピストの積極性、速やかな介入などにあるとして、コスら（Koss, M. P. et al. 1986）はおよそ次のように説明している。

①治療に要する回数（時間）を短期間に制限することで（マンの時間制限心理療法では十二回）、クライエントに何をすべきか自覚を促し、比較的短期間で治療可能であるという見通しを与える。しかしながら、治療目標が複数になるときは、長期間になることもある。

②治療目標は、次のようなものに限定される。最も問題である症状をできる限り早く除去あるいは改善する、以前の感情均衡状態に早く回復させる、現在の障害を生じさせている要因を理解させる、将来の同じような問題に対処する（コーピング）能力を強化するなどである。

③ある時間制限内で治療目標を達成するためには、力を注ぐ問題領域（焦点・フォーカス）を選び、それを維持する必要がある。焦点となるのは、現在、問題となっている症状である。

④治療者は、クライエントが治療の焦点から外れないように話し合い、問題の意味を解釈し、サポートとガイダンスを行い、クライエントのための行動プランを作り、課題を与え、問題解決の仕方を教え、人生観を作り直すよう支援する。そのため、セラピストには治療の柔軟性とさまざまな方法の使用が求められる。

⑤これまで、ブリーフ・セラピーにふさわしくないとされてきた自己防衛的な人にも問題がかなり慢性

化した人にも適用できるとする研究者もいるが、クライエントのタイプについては治療者の間で一致がみられないとしている。

コスらによれば、ブリーフ・セラピーの成立過程には精神分析療法、心理的危機（クライシス）理論、認知行動療法が深く関わっているという。精神分析療法は、クライエントのパーソナリティの再形成に関心が向けられるようになると、症状の除去に直接関わることが少なくなり、治療期間がより一層長くなった。しかし、精神分析療法の短期間治療への努力は近年始まったものではなく、すでにフェレンツィ（Ferenczi, S., 1950）やアレキサンダーら（Alexander, F., et al., 1946）の研究があり、その後かなりの数の研究が行われている。短期間精神分析療法の目的は、精神分析の用語を用いてクライエントの主要な問題を過去に遡り、心理発生的に説明することにある。

一九四二年にアメリカ・ボストン市でナイトクラブから出火し死者四九一人を出す大火災（ココナッツ・グローブ大火）が発生し、そのとき生き残った人たちについてのリンデマン（Lindemann, E., 1944）による研究から、心理的危機理論が生まれ、この理論から心理的均衡という概念が定式化されたが、これも症状の解消を目指すブリーフ・セラピーの基礎となった。さらにブリーフ・セラピーには、学習理論を基礎に問題行動を治療対象にした認知行動療法からの影響もある。認知行動療法の言語的・認知的媒介、治療者の指示、介入効果の評価などは、ブリーフ・セラピーの時間制限、短期間での目標達成に有効な技法を提供した。

（2）ブリーフ・セラピーにおける詩の使用

マッツア（Mazza, 2003）は、ブリーフ・セラピーにおける詩の使用と治療効果を時間の制限、速やかな介入、目標の限定、焦点の維持、セラピストの積極的な働きかけと関係づけて、次のように説明している。

①時間の限定

マッツアは、詩歌療法にとってもブリーフ・セラピーにとっても、時間の意識的・無意識的な意味についての考察は共に重要であるとする。なぜなら、時間は、可能性と限界、創造性と死、変化と永遠について語る沈黙の言葉であり、詩はたとえその詩句が時間的に前後していても、読む者に「いま現在」としての反応を生じさせ、過去と現在を瞬時に結び付けると言う。詩は、感情の時間的変化を扱うのに適しており、詩における時間と感情の関係はポピュラーソング「メモリー」[2]の中にみられるとしている。

ミュージカル『キャット』の中で年老いて美貌を失った猫グリザベラは、かって魅力的であった美しい思い出（メモリー）を歌っている。この歌（詩）は、過ぎ去った日の美と幸福を思い起こす詩の行（過去）、現在の空しさと絶望のイメージを表すエリオット（Eliot, T. S.）の詩「プレリュード」による詩の行（現在）、未来と失った愛をもう一度取り戻したいという願いと人との触れ合いが明日への希望をもたらすという詩の行（未来）から構成されている。マッツアは、ポピュラーソング「メモリー」には、私たちの人生における過去、現在、未来を結びつける詩の時間的技法がみられるとしている。

この「メモリー」という歌は、クライエントの気分に類似し結末に向かって徐々に希望を感じさせる詩が詩歌療法にとり望ましいとするリーディ（Leedy, 1969）の理論にも、詩はコミュニケーションのための手段として役立つというレーナー（Lerner, A., 1982）の対人関係的モデルにも、セラピーにおいて詩・歌をドラマチックな効果のために用いるシュロス（Schloss, G. A., 1976）の心理的詩モデルにも当てはまるという。詩は、時間の感情的側面に深く関わっており、それゆえ詩歌療法の技法はブリーフ・セラピーにおいても用いることができる有効な技法であるとしている。

②速やかな介入

言語化を促す目的で既存の詩を用い、詩の全体あるいは特定の行または詩のイメージについて感想を話すように求めることは、多くの場合クライエントの脅威にはならないと言う。なぜなら、既存の詩について話すことは、クライエント自身についても語ることになるが、その詩は自分の内面と関わりがなく、自我の安全を保証するものとみなされるからである。

ウェルズ（Wells, R. A., 1994）の短期間治療モデルでは、最初の面接時に次のような目標を設定している。a 希望の注入、b 感情移入的な理解、c ひとつないし二つの主要な問題の確認、d 約束の取り決め、e 治療期間を限定し、最初の課題を与える。フロストの「行かなかった道[3]」のような詩は、これらの目標を説明するのによい例であるとしている。

行かなかった道

黄ばんだ森の中で道がふたつに分かれていた。
口惜しいが、私はひとりの旅人、
両方の道を行くことができない。長く立ち止まって
目のとどく限り見渡すと、ひとつの道は
下生えの中に曲がり込んでいた。

そこで私はもう一方の道を選んだ。同じように美しく
草が深くて、踏みごたえがあるので、
ずっとましだと思われたのだ。
もっともその点は、そこにも通った跡があり
実際は同じ程度に踏みならされていたが。

そして、あの朝は、両方とも同じように
まだ踏みしだかれぬ落ち葉の中に埋まっていたのだ。
そうだ、最初眺めた道はまたの日のためにと取っておいたのだ！
だが、道が道にと通じることはわかっていても、

再び戻ってくるかどうかは心許《こころもと》なかった。

今から何年も何年もあと、どこかで、
溜息まじりに私はこう話すだろう。
森の中で道はふたつに分かれていて、私は――
私は通る人の少ない道を選んだのだったが、
それがすべてを変えてしまったのだ、と。

（野村利夫訳）

人生の岐路に立つときどちらを選ぶか意思決定を迫られるが、この詩はそうした典型的なディレンマを表現しており、マッツアによれば詩歌療法においてよく用いられる詩のひとつである。過去の葛藤をいかに解決するか（精神分析療法）、あるいはもし誤った決定をしたら破滅するだろうか（認知療法）、「行かなかった道」から別の人生の物語を作る（ナラティヴ・セラピー）など、治療理論が異なっても用いることができる詩であると言っている。この詩について、治療の対象、目的、治療過程により質問の仕方を変えながら、およそ次のように問いかけるとしている。「あなた自身の経験と関係のある詩の行あるいはイメージがありますか」。「あなたは詩人の感情や考えをどのように思いますか」。「あなたの『道』についてお話していただけませんか」。「あなたの人生ですべてを変えてしまったのは何ですか」。

この詩は、難しい決定を前にして対立する感情を読む者に体験させ（感情移入）、選択肢の中からひとつを選んだ意味を明らかにし（問題の確認）、他の人も自分と同じような問題を抱えていることを示唆（一般化）することによって希望を生じさせる。それゆえ、この詩は過去の選択を嘆いている詩ではなく、選ぶことの意味に光を当てた詩であり、読む者を勇気づける効果を潜ませた詩であることを、「この詩には注意しなければなりません。この詩は巧妙な詩なのです、非常に巧妙な詩なのです」とフロスト自身が書いているという[4]。

③目標の限定

治療の目標を特定の問題に対する対処能力の強化や抑うつ状態の改善などに限定することで、詩の使用が可能になる。たとえば、アリス・ウォーカー（Alice Walker, 1979）のわずか十五行五十六語の詩「おやすみ、ウィリー・リー、明日の朝、私はあなたに会える」[5]は、抑うつ感情が愛する人の死・喪失によることに気づかせ、心を癒すのに役立つ。シェイクスピアの『マクベス』第四幕第三場の次のような二行は、悲しみの克服（グリーフワーク）に用いることができるとする。

ぞんぶんに泣け、捌け口を鎖された悲しみが
うちに溢れれば、ついには胸も張裂けよう。
（福田恒存訳）

この二行は、亡命先のイングランドでマクベスの放った刺客によってマクダフの妻も子も殺されたこと

が告げられ、マクベスによって殺されたスコットランド王ダンカンの息子マルコムがマクダフに語りかける場面である。この二行は、マルコムが「ああ、神はいないのか！　マクダフ！　顔を隠すな」に続く行である。第四幕第三場は、「どんな長夜も、かならず明けるのだ」[6]の有名な句で終わる。

部屋の中にただ一人残された人を孤独な状態から解放し、自信を回復させるためには、フォックスとギンブル（Fox & Gimble）の作詞作曲でジム・クロウチ（Jim Croce）が歌った「私は有名になった」[7]は、有効な歌（詩）であると言う。

詩を書くことは、詩を読むことと同じようにばらばらな思考と感情にまとまりを与える。それゆえ、クライエントに「私は…したいと思う」「私は…ゆえに続けたい」「もし…ならば人生はよいのだが」などの言葉の続きを完成するように求めるのも有効な技法のひとつである。この技法は、クライエントを治療目標に動機づけるためにも役立つとしている。

④焦点の維持

既存の詩を用いて、この詩のどの行に注目したか、あるいはこの詩に自分の考えや感情をよりはっきりと反映させるためには、詩をどのように書き換えたらよいか尋ねる。このような詩の使用により治療の焦点を維持することができ、たとえ焦点から外れそうになった場合でも、クライエントを治療過程に再び集中させることができる。同時に、治療目標を再検討するためにも用いられる。

⑤治療者の積極的働きかけ

治療目標を達成するためには、治療者は詩の導入と治療過程に応じた適切な詩を選ぶことに積極的でなければならないが、詩の柔軟な使用とどんな詩も使用しないという決断も、また治療者にとって必要なことであると言う。

マッツアは、詩が心理療法にとり有用であるにしても、詩歌療法とブリーフ・セラピーの間に矛盾や対立がないわけではなく、ブリーフ・セラピーにおける詩の使用については経験的な検証は未だ十分でないとしている。詩歌療法の技法は、どんな場合にも用いることができるとは限らない。事実、詩の使用は、問題の単なる知的処理を助長し、クライエントの要求よりも治療者の治療計画に焦点を合わせ、クライエントが対処できない感情を生じさせることもあり、治療の妨げになる可能性のあることを指摘している。

＊

マッツアは、治療の対象になる問題と使用される詩について、次の表にあるような例をあげている。しかし、これらの詩の日本語訳が詩歌療法にとり適切であるか否かは、詩の翻訳という根本的な問題の他に文化や生活環境などの違いもあり、そのまま使用することは難しいのではないかと考えられる。外国語の詩の日本語訳を含めて日本語による詩については、どのような詩が詩歌療法において使用できるか、現在のところ全く検討されていない。

問題	詩（物語・童話）	詩人／作家
意思決定	行かなかった道（The Road Not Taken）	ロバート・フロスト（Robert Frost）
絶望	希望には羽根がある（Hope is a Thing with Feathers）	エミリー・ディキンソン（Emily Dickinson）
同一性	私たちは仮面をつけている（We Wear the Mask）	ポール・ダンバー（Paul Dunbar）
親密	悲しくなったら（If There Be Sorrow）	マリー・エバンス（Mari Evans）
葛藤	ひび割れた壁の花（Flower in the Crannied Wall）	アルフレッド・テニソン（Alfred Tennyson）
ペットの死（子どもの）	バーニーの一〇番目の良いところ（物語り）（The Tenth Good Thing About Barney）	ジュディス・ヴィヨースト（Judith Viorst）
怒り	怒り（童話）（Anger）	ルース・ゲンドラー（Ruth Gendler）
愛／真実	ベルベットのウサギ（The Velveteen Rabbit）	マージョリー・ウィリアムス（Margery Williams）

喪失（子どものため）	アンダーソンのグットバイ（物語り）(Everrett Anderson's Goodbye)	ルーシール・クリフトン (Lucille Clifton)
性的被害	レイプ (Rape)	マージ・パーシー (Marge Piercy)

［註］詩の題名の日本語訳は、あくまで参考までに訳したものである。

2　詩歌療法の適用例

(1) ジェニーの症例

マッツアは、ウォルバーグ（Wolberg, L., 1965）の折衷的なブリーフ・セラピーモデルを用いて、仕事を辞めさせられ、他に仕事を探さなければならないジェニーという「神経過敏で気持がひどく落ち込んでいる」二六歳の独身女性の無力感と不安の治療のために、詩を用いた症例を報告している。ウォルバーグのブリーフ・セラピーモデルには、支持、自覚、行動、統合の四段階があり、このジェニーの症例では各段階二週間、全体で八週間と時間を限定している。

①支持の段階（第一、二週）

ジェニーは、最初の面接のとき、緊張し、不安な表情をみせ、涙もろかった。自分を移動する遊牧民のようだと言い、「短期刑の囚人」とも言っていた。彼女は、仕事が変わる度に、他の土地に移り、男性との関わりもなくなった。失敗と失われた機会を思い出す度にそれ程ひどくはないがうつ状態になった。また失敗を繰り返し、同僚に受け容れられないのではと不安であった。

彼女は、自分をマラソン・ランナーに喩えた。ランニングとレース（マラソン）は彼女の人生と心理治療の隠喩《メタファー》であった。レースに出るための準備と新しい土地への移動についての話し合いが、同じ目的のために行われた。ランニングとレースは、具体的レベルと象徴的《シンボリック》レベルの両方に用いられた。具体的レベルでは、レースの完走にチャレンジする機会を得ることで、自尊心を高め、徐々に希望を生じさせた。そのために、トレーニングに伴う問題に対処しなければならなかった。象徴的レベルでは、レースは彼女の人生で経験したリスクを意味していた。これまで、ジェニーのリスクへの対処の仕方は転職であり、成果がすぐ得られる「ショート・レース」を走ることであった。

ジェニーは、第二週で最初の面接で泣いたことを詫び、メリッサ・マンチェスターが歌ったポピュラーソング「大きな声で泣かないで」[8]を聴いた。この歌には、周囲の光景に自分の感情を乱されないことの大切さを、人は人生の初期に学ぶという詩の行がある。この歌との感情的同一化は、失敗と両親を失望させてきたジェニーにカタルシスを生じさせた。

詩（隠喩、詩／歌）の使用により、問題の範囲を明確にし、共感的な理解を得、治療に希望を抱かせた。これは、制限された時間内で問題が「治療可能である」ということを意味した。ジェニーは、マラソン・

レースのための練習と転職のための準備に同意し、その間に彼女自身の問題と家族の問題を考えることにした。ジェニーの最初の課題は、日記に自分の考えや感情を書くことであった。

②自覚の段階（第三、四週）

この段階は、具体的な問題について洞察を深める段階である。第三週で詩「憂うつな思い出にふける」[9]が用いられた。この詩の終わりに「十分に満足している」という詩の行があり、この詩にジェニーの人生の課題である家族、社会そして彼女自身を関係づけることができた。どんなに自分を変えようと努力しても、いつも劣っており、うまくいっていないという感情を振り払うことができず、敗北者と感じている自分に注意を向けさせた。自分らしい自分を見つけることを妨げている認知的歪みと対人的な関係に問題のあることを自覚させることで、自己同一性を維持させ、将来への希望を抱かせた。次に、歌「私は有名になった」が用いられた。この歌には、人生の困難な時期にも自己同一性と夢を持ち続けることの大切さを歌った詩の行がある。ジェニーは、この詩にすぐ反応し、それは次のような洞察に充ちたものであった。彼女は、他の人に受け容れられることを望みながら、それが現実になるときいつも避けてきた（心配で拒否した）自分に孤独の原因があることを理解した。

③行動の段階（第五、六週）

長距離のマラソン・レースを走ることは難しかったので、準備段階として一〇キロのレースを走ることにした。このレースを完走した後に、ジェニーは自分自身の歌として「レディ・レディ・レディ」[10]を選んだ。この歌は、「風のように走れば、あなたはもう一人ではない、孤独な心を隠し通すことはできない、あなたが望むならその孤独な心に触れさせなさい、あなたの心に本当のあなたがいることを私は知っている」という意味の詩である。彼女の夢はこの歌の「風のように走る」ことであり、この歌は彼女の女らしさ、強さ、同一性そして親密さの願望の表現であり、マラソンを通して実現したいテーマであった。彼女は、もう一人ではなかった。自分の気持ちを離れ難い友だちに直接話すことにした。

日記を書き続けることで、いくつかの困難な問題について自制心を取り戻すことができた。新しい仕事について考えた後、電話をかけ、適切な説明を受けた。ジェニーは、また両親を訪ね遠くに移らねばならないこと（およそ二千マイルも遠方）を告げ、葛藤はすべて解消しなかったが一応満足のいく話し合いができた。

④統合の段階（第七、八週）

ジェニーは、マラソンを完走し、転居の準備もすべておこなった。詩「このぼろぼろのコートを脱ぐことが出来たら[11]」が、予測できない未来に対処するために用意された。今後生じるかもしれない喪失、欲求不満、失敗などについて、どのように対処したらよいかたずねられた。将来のサポートのために「全部はできない[12]」という詩が与えられた。この詩は、見方を変えることで新しい人生観が得られることを歌っている。

最後に、ナイト・レンジャーの歌「グッドバイ[13]」により治療の終わりが告げられた。この詩には、人生を変えることの難しさと「グッドバイ」と言うことの難しさが歌われており、ジェニーの治療過程を振り返ることに役立った。治療者にとってもクライエントにとっても「グッドバイ」を言うことは難しいが、ジェニーは一人で歩き始めた。ジョン・デンバーの歌「自由を求めて」[14]には、人生において答えの得られない多くの問題があるという詩の行があり、それらを受け容れる態度が示されている。彼女は、八週間のブリーフ・セラピーにより、自分の「詩」を完成させたいという希望を持った。

マッツアは、ブリーフ・セラピーにおける詩の使用は治療過程でクライエントに新しい経験をさせることに役立ち、認知、感情そして行動の変容を生じさせるのに適した方法であるとしている。詩、音楽そして時間は、治療過程にあっては互いに微妙でユニークな関係を形成していると言う。詩は自我支持の方法を問題解決の方法に結び付けることができ、このことはブリーフ・セラピーの理論的基礎を理解する助けになるとしている。

(2) 集団詩歌療法

集団詩歌療法がどのように行われてきたか理解するために、初期のエドガーら（Edgar, K. F., et al., 1969）とその後のマッツア（Mazza, 2003）による二つの適用例を取り上げることにしたい。

エドガーらは、大学内のクリニックでカウンセリングを受けている六〇名の大学生の中から男女各八名の十六名を選び集団詩歌療法の対象とした。これらの学生は、未熟な自我同一性と家族からの心理的離乳に失敗した者であった。この十六名は八名（男女各四名）ずつの二群に分けられ、その内の一群に対して集団詩歌療法を行い、他の群は対照群として何も行わなかった。これらの学生には、すでに四種類の心理テストが行われており、その結果の一部をプリ・テストとして用いている。ＭＭＰＩ、人物描画テスト、ＴＡＴ（図版６ＢＭ、７ＢＭ）は依存性の測定のために、ロールシャッハ・テスト（図版№１）は幼児期の両親との葛藤ないし固着した自己像の分析のために用いられた。

集団詩歌療法は、毎週木曜日の午後に二時間、心理学の専門家と詩人で英文学の教授の二人と一緒に大きなテーブルを囲んでコーヒーを飲みながら、ときにはケーキあるいはクッキーが添えられ、家族の団らんを模した場面において、およそ四ヶ月間（十三週）、合計二十六時間、リーディとグライファーがクンバーランド病院で行ってきた方法に倣って行われた。詩は参加者の感情に類似していると思われるものを選び、参加者はその詩を読み感想と意見を互いに述べ合った。その際、どんな感情も表出してもよいと伝えられた。そして、その詩に自分の詩を数行付け加え、それを他の人に紹介することが求められた。集団詩歌療法の終了後、プリ・テストと同じテストがポスト・テストとして施行され、精神医学的面接が行われた。

心理テスト（投影法）の結果は、三人の臨床心理の専門家により判定され、対象者の八人中七名に問題の改善が認められたが、一名には認められなかった。さらに、治療に用いた詩に参加者が書き加えた詩の内容や他の人の詩に対する感情反応を、ユング派の分析心理学の立場から解釈している。参加者の何人かにユングの元型論の童児、英雄、自己に類似するものがみられたとしている。詩歌療法が進むに従って、治療の初期に見られた童児の元型は英雄の元型へ、そして自己の元型へと変化していった。この変化は、参加者の年齢相応の精神的成長を示したものとしている。対照群の八名の内四名が期間の途中で心理治療を申し出ており、四ヶ月間心理治療をしないという対照群としての条件を欠くことになり、また八名では対照群としてサンプル数が少ないという理由で考察の対象から除いている。

このようなエドガーらの方法に対して、マッツアらによる集団詩歌療法は既存の詩を読み互いに語り合うことについては従来の方法と同じであるが、参加者は一行あるいは二行の詩を作り、それを一つの詩にするコラボレイティブ・ポエム（共同制作詩[15]）を行うことが異なっている。多くの場合、六人から八人の参加者と臨床心理の専門家を指導者とするグループを形成し、毎週一回、一時間から二時間の集団療法を六、七回行う。集団療法をはじめるとき、目的と方法について説明し、次に治療者により既存の詩が与えられ、その詩を読み各自が感想を言う。すべての参加者が感想を言い終えたら、治療者が示した詩のテーマ（題）について詩を作ることが求められる。詩作は、詩のテーマに参加者が自分の詩の行を書き加えることにより行われる。その詩は、翌週までに清書され参加者に配布される。このような手続きで集団詩歌療法が繰り返される。

マッツアは、次のような集団詩歌療法の適用例を報告している。対象者は、あまりひどくない抑うつ症状を示す年齢が十八歳から三十六歳の大学生六名（男性二名、女性四名）である。治療目的は、抑うつ気分、ネガティブな思考、不適切な罪悪感を軽減・除去し、対人関係を改善することであった。対象者の多くはかって文学作品を読み、音楽を聴くことが好きであった。集団詩歌療法は、期間を七週間として、毎回一～二時間で、男女各一名の臨床心理の専門家の指導により、既存の詩を読み、ポップ・ミュージックを聴き、詩の共同制作により行われた。第一週から最終回の第七週までの既存の詩・歌と詩作のテーマは次の通りであった。

	既存の詩・歌	詩作のテーマ
第一週	イグナトウ（Ignatow, D.）の詩 憂うつな（Brooding）	抑うつ
第二週	ロギンス（Loggins, D.）の歌 それであなたは私をつかまえられない （So You Couldn't get to Me）	怒り
第三週	クロウチ（Croce, J.）歌 私は有名になった（I Got a Name）	心配を除く
第四週	クレイン（Crane, S.）の詩 このぼろぼろのコートを脱ぎ捨てられたら （If Should Cast Off This Tattered Coat）	（詩の題はない）
第五週	ダン・ヒル（Dan Hill）の歌 ときどき私たちが触れ合うとき （Sometimes When We Touch）	曖昧な結末
第六週	ダン・ヒルの歌 完全な人間（Perfect Man）	ゲーム
第七週	アルディングトン（Aldington, R）の詩 新しい愛（New Love）	私たちのグループ

第一週の詩作のテーマは「抑うつ」で、およそ次のような内容の詩が作られた。この詩は、抑うつ状態にある人たちの感情を集めたものである（大意）。

抑うつ

台所の流しの穴の内側の
暗く、どん欲で
休みなく、物憂げな、くたびれ
何にもしようとしない
でぶでそして醜く
誰が私に好意をもつというの？

最後の週の詩作のテーマは「私たちのグループ」で、およそ次のような詩が作られた（大意）。

私たちのグループ

真の答えなどない。
壁を作らないようにしよう

見通すことができないほど高い壁を、
でも十分な高さが
私たちの弱点を守るために。
友だちを求めて
弱点を共有できる誰かを
愛は
傷つきやすいもの。
私たちは行きつ戻りつする
作る壁と
そして壊す壁の間で。

この二つの詩を比較するとき、明らかに抑うつ的な気分も対人関係についてのネガティブな思考も見られなくなり、現実的な対人的関係への志向（改善）が認められる。

このほか、詩歌療法は、子どもあるいは配偶者の問題行動、夫と妻の葛藤、老いた親との不和などの問題を持つ家族への援助にも用いられている。マッツアらは、四組の夫婦、両親と二人の子どもに行った集団詩歌療法を報告している。方法は、ここで紹介した方法と同じである。

（3）日本における詩歌療法の試み

これまで紹介・考察してきた詩歌療法は、ほとんど全てがアメリカの研究者によるものであった。日本においても詩（現代詩）を読み書くことに心理治療的な効果のあることは、日常的には知られているが、これまで心理療法として研究されてこなかった。それゆえ、詩の治療効果についての多くの記述は、エピソード的な報告であり、研究としては不十分なものであった。しかしながら、玉木一兵編著『森の叫び――精神病者の詩魂と夢想』（批評社 1985）と寮美千子編『空が青いから白をえらんだのです――奈良少年刑務所詩集』（長崎出版 2010）は、詩歌療法にとり有用な手掛かりを提供している。

『森の叫び』のはしがきに、玉木はこの詩集を編んだ理由を次のように書いている。「ここに収録された作品は精神病院という名の人工の森に囲い込まれた『病者』の日々の生活の中で生み出されたものです。作品には、街の人々と同一の心の平面でそれぞれがそれぞれの人生を追い求め、何か確かな支えを得ようとして揺らいでいる『病者』の心象が影を落としていると思います。いい換えれば、これらの作品は、『病者』となって体験した人間事象への熱い眼差しと期待が詩魂の慄えとなって紡ぎだした夢想であり言葉の欠片であり、そして吃音の形なのです」。玉木の言う「病者」とは、ある一時期、疾患状態にあったが、症状が消失（寛解）し、どこにでもいる普通の人間に戻った人たちであり、「寛解の谷間で症状の再燃を潜在させながら」、ごく普通の生活者として生きている院内寛解者のことである。『森の叫び』に収められている詩は、街の中で、街の人々と共に普通に生きたいと願っている「病者」の詩であると、玉木は言っている。

この詩集には、聞き書きを含めると八十数名の人たちの詩が収められているが、詩以外、作者についての記述はなく、詩を解釈する手掛かりは院内寛解者という「病者」だけである。それゆえ、詩の作者である「病者」が、詩を書くことによって何がどのように変化・回復していったのかは不明である。しかし、院内寛解者である病者が精神病院内で生きていかなければならない状況にあることから、詩の了解心理学的な解釈は可能である。

盲目の季節

生野　冬子

私は耐えられるだろうか
この身に襲いかかってくる
悪夢のような苦しみに

傷つくことに専念する
己の性癖の前に
私は力なくひざを折る
時がたってくれるのを祈るより他に
為すすべを知らない

私は何故こんなにも弱り切ってしまったのだろう
悔恨ばかりが身を苛む
つるべなき心の井戸のさざ波は
捨てられし浜に打ち寄せる波

腹黒い心の淵の渦潮は
人をのみ込む無頼の天使
暗黒の空を背負って夜空を廻る

どうやら人は己の深い業の裡に
世界を閉じ込めてしまうものらしい
そしてそこには盲目の季節ばかりが満開する
時間の流れのない暗洞なのだ

私は故郷を追われたさすらい人のように
遠く潮騒を聞きながら
あてのない闇路をさまよい歩く

早く、早くしてくれ

こがち　義和

火事ではない
盗難にあったわけでもない
別に人物に異常状態が発生したわけでもない
実は私は並の服を着て坦々と生きてきたのだが
「去る者追わず」のたとえもあろうが
精神病院では私は満足しているわけではない
一体誰が精神病院なるものをつくり
私を驚嘆させるのか
私は職員のいうがままに生きてきた
私はしばしば喚き叫んだけれど
人間として当然のことではなかろうか
もういやだ
ほんとの心をいえば
病院に放火でもしてしまいたい程だ

自分では世間の人並みであると思っているのに
医師の診断は　まわりの人々の目は
私のことを一体
何と見ているのだろうか
ともかく
早く早くしてくれ

生活の柄

知花　賢

歩き疲れては　飲屋　中の町に
泊まりこんだ
酒場の女は
僕に嘘の笑いを持ってきては
酒をつぎ
嘘の唄をうたった
意味のない言葉でつきまとった
僕は疲れて家に帰った

家に帰っても
友達とあっても
何かおかしい
みんな変だ
みんなずるい人間だ
・・・・・・・
気がついてみると僕の方がおかしかった
だから
精神病院に入っている
そして
病院を出て町を歩き
人々に会う
すると
僕の方がまともであるのに気づいて
妙な気分で
病院に戻ってくる

この三篇の詩を本章の「1　詩歌療法とブリーフ・セラピー」の（2）で取り上げた詩「メモリー」と

比較するとき、「メモリー」には過去、現在、未来の時間を示す詩の行があり、希望が表現されていたが、「盲目の季節」では現在のみが語られ、「早く、早くしてくれ」と「生活の柄」では過去と現在が語られ、いずれも未来についての詩の行がない。自分についての認知の変容は、「盲目の季節」では「どうやら人は己の深い業の裡に／世界を閉じ込めてしまうものらしい」、「早く、早くしてくれ」では「私のことを一体／何と見ているのだろうか」、「生活の柄」では「気がついてみると僕の方がおかしかった／…／僕の方がまともであるのに気づいて」と認知的な変容が表現されている。しかし、この認知的変容は未来への明るい展望への繋がりに欠けている。そして、詩を書くことにより感情のカタルシスが生じたとしても、具体的にカタルシスを示す詩の行はみられない。不安と焦燥と懐疑のみが表出されている。

では、どうすれば院内寛解者に希望を生じさせることができるのであろうか。玉木は、不自然な「人工の森」に住まなければならない「病者」の声を『森の叫び』と表現し、この人工の森に住む人たちにとり必要なことは、「時代が長い年月をかけて街の外に積み残してきたこれらの人々に、病いを潜在させつつ、なお働くことができ、生活の自立を促進するような援助であり、実践です」と言う。このことなくして、「病者」に希望は生じないとしている。精神病棟から解放された「病者」を現実社会に繋がる仕事を通じて社会的な人間とする試みが、『浦河べてるの家』[16]では行われている。社会に繋がる仕事の中でこそ、希望の芽が育つと考えられる。

精神病院で一生を終えた「病者」は、どのような詩を書いているのだろうか。日本の現代詩の詩人に適切な詩を見つけられなかったので、精神病院に入院・幽閉され、決して現実社会に戻ることがなかったイギリスの詩人ジョン・クレアの詩を探すと、この問いを解く手掛かりになるような詩があった。クレアが病院内で書いた詩「わたしは生きている」[17]には、現実社会との繫がりを断たれた人間の最後の願いが寂しさと諦めの中に表現されている。この詩の最初と最後の数行は次のようである。

私は生きている。だが、私のことを誰も構ってくれない、
忘れてしまったのか、友達は見向きもしてくれない。
私は悲しみで自分の命を縮めている人間なのだ、―
…………
…………
そして、子供のときのように安らかに眠りたい。
誰にも迷惑をかけず、誰からもかけられず、横になりたいのだ、
緑の草を褥《しとね》に、大空を頭上に仰いで…。

（平井正穂訳）

寮美千子編『空が青いから白をえらんだのです――奈良少年刑務所詩集』は、奈良少年刑務所で寮が講師を務めた社会性涵養プログラム「童話と詩」による授業から生まれた作品を中心に編まれた詩集である。これまで、受刑者に対して詩歌療法を行った研究報告はみられない。リーディ（Leedy, 1969）やマッツア（Mazza, 2003）にも報告例はない。しかし、おそらく日本の刑務所の中で、受刑者により俳句や短歌と同じように詩（現代詩）も作られてきたはずである。これまで詩歌療法は、情動的な障害のある人々に

適用されてきたが、犯罪者、少年の非行者に対して試みられて来なかった。それゆえ、この詩集は受刑者への詩歌療法の適用に関して有用な示唆を与えると考えられる。

このプログラムの参加者は、一〇名前後で、毎月一回で六ヶ月で終わる。詩については第三回目から始めている。詩作過程は、金子みすゞ、まど・みちおの詩（詩の名は不明）を声に出して読み、一人ひとりの感想を聞いていくという過程を経て、自分の詩を書くように求めている。「書きたいことが見つからなかったら『好きな色』について書いてきてください」と言って、宿題にしている。書いてきた詩は本人が朗読し、みんなで感想を述べ合う。このように集団詩歌療法とほとんど同じ技法が用いられている。この詩集には、「好きな色」六編、「おかあさん」二五編（妻一編を含む）、「その他」二六編、合計五七編の詩が収められている。

この詩集の書名『空が青いから白をえらんだのです』は、「くも」という短い一行詩を書名にしたものである。寮によれば、この詩の作者は、詩を朗読した途端、堰を切ったように語り出したという。自分の詩がみんなの心を揺さぶったことを感じ、いつになく、はればれとした表情をしていたと書いている。詩を書き、他の人の共感を得ることで感情のカタルシスが生じたかにみえる。この少年の母が病院で亡くなったときに言った「つらいことがあったら、空を見て。そこにわたしがいるから」という最後の言葉への共感と感傷が、他の少年の心を大きく揺さぶったのではないだろうか。詩を書くことにより感情のカタルシスが生じたとしても、この詩にはそれを示す詩の行はなく、その対象となる詩句もないので不明である。

「病者」も受刑者も社会から隔離された施設への収容は同じであっても、「病者」は精神疾患の発症に責任が問われないのに対して、受刑者は（刑事）責任を問われての収容である。受刑者は、「病者」と異なり、たとえ不定期刑であっても、現実社会への復帰という確かな展望を持つことができる。この少年受刑者たちは、おそらく非行中和の技術[18]を用いて正当化してきた過去の自分を刑務所の中でどのように認知し、改変し、未来に繋げようとしているのであろうか。詩歌療法の目的のひとつは、詩を読み書くことにより自分についての認知を変容させることである。そこで、少年受刑者たちのいくつかの詩を詩歌療法の観点からとりあげてみたい。

夢と希望と挫折

生きていくために　夢を見る
どんなに小さくても
夢は　希望を与えてくれる

ただ
覚えておかなければならないことは
夢は　大きければ大きいほど
叶わなかった時

大きな挫折をするということ

大切なのは
希望も挫折も　受けいれること
それこそが　生きる意味
それこそが　ぼくのスタートライン

この「夢と希望と挫折」では、「夢は　希望を与えてくれる」と言いながら、挫折を危惧し、予期しているかのように表現されている。夢を単純に描くことのできないことが語られている。受刑者が現実社会で夢を実現しようとしても、「病者」と同じような困難に出会うことを予感させる詩である。

寮は、受刑者が詩を作り、朗読することで、感情を表出・解放させ、他の人と感情を共有することで、コミュニケーションが促進され、行動に変容が見られたと記述している。これらの効果は、リーディやヘニンガーの言う集団詩歌療法にみられる感情の共有（共感）とカタルシスの効果と言ってよい。

あたりまえ

食べられる
眠れる

歩ける
朝を迎えられる
母がいる
みんな　あたりまえのこと

あたりまえのことは
あたりまえじゃないんだと

あたりまえのなかのしあわせに気づかずに
薬を使って偽物のしあわせを求めたぼくはいま
やっと　気がついた

あたりまえの　しあわせ
あたりまえが　しあわせ

この受刑者は、学校や家庭のつらいことを忘れるために薬物に手を出した少年で、薬物を断ち、立ち直るきっかけを与えてくれたのは刑務所への収監であると感じているという。失ってはじめて「あたりまえのしあわせ」に気づいたと書いている。

ごめんなさい

あなたを裏切って　泣かせてしまったのに
アクリル板ごしに
悪いのは　このぼくなのに

あなたは　ぼくに謝った
あの日の　泣き顔が忘れられない
ごめんなさい　かあさん

「あたりまえ」と「ごめんなさい」の二つの詩は、過去と現在の自分の変化を表現している。寮は、このプログラムを受講したほとんどの受刑者が「明るい、いい表情になってきて、工場の人間関係もスムーズになる」と言い、刑務官もこの変化を感じており工場での配置にも影響を与えているとしている。他の人と一緒に詩を読み、詩を作ることで、感情のカタルシスと自己について何らかの認知的変容が生じた結果ではないかと考えられる。しかし、自由が制限されている刑務所の中で、この詩が受刑者の行動や人格の変容にどのように影響を与えているか評価することは難しい。

受刑者の自己観は、刑務所という収容施設の状況を反映するものであることは従来から指摘されているゆえに、詩の中に自己についての認知的変容が表現され、自己観や人生観があたかも現実社会に適応するように改変されたとしても、刑期を終えて社会に出たとき、それをどれだけ維持できるかは「病者」の場合と同じように難しい問題である。受刑者に対して、俳句、連句、短歌、そして詩を用いた詩歌療法により、どのような心理治療的な効果が得られるのか。どうすれば行動や人格の再形成に影響を与えられるのか。そして、そのためにはどのような詩と技法を用いたらよいか、認知的変化や人格的変容を維持させるためにどのような詩を処方したらよいか。これらの問題は、今後検討すべき問題である。しかしながら、ここで取り上げた二つの詩集は、詩歌療法のエピソード的報告であるが、詩歌療法にとり有用な手掛かりとなることは確かである。

3　詩歌療法の技法

詩歌療法の目的は、悩める人の感情、恐れ、欲望、衝動を詩に表現することにより、鬱積した感情を解放することで情緒を安定させ、認知的変容により確かな自己観と人生観を再形成できるように援助することにある。それゆえ、詩歌療法においては、いかに自分自身を表現させるかが問題となる。詩を読み書くことで、自覚されていない問題に気づき、自分の問題が他の人と似ていると気づくことにより、他の人の思いや感情が共有されるようになる。この共有は、対人関係を改善し、他の人とのコミュニケーションを促進させることになる。

詩の言葉は、まとまりのない混乱した思考に秩序を与え、動揺する感情を安定させ、剥き出しの情動を浄化（カタルシス）する。詩人の書いた詩を読むことは、詩人の自我の強さ、葛藤の処理・対処の仕方を学ぶことになり、読む人の経験と理解を広げ、豊かにする働きがある。

では、どんな人が詩歌療法の対象にふさわしいのか。それは自分自身を表出・表現できない人たちであり、孤独で、引っ込み思案で、意思の疎通が悪く、不器用で、思考が固く、融通性のない悩んでいる人たちである。詩を読み、詩を書いた人に共感できる人であるならば、どのような人でも詩歌療法の対象となり得る。しかし、ヘニンガーは、重い脳損傷、反社会性パーソナリティ障害、急性期の精神病、麻薬常用者などには詩歌療法は勧められないと言っている。また、詩の意味を著しく誤解したり、詩のイメージを余りにも文学的に解釈する人も避けた方がよいとしている。しかし、プラッセ（Plasse, B. R., 1995）は、麻薬中毒患者の母親に集団詩歌療法を行い、治療効果のあることを報告している（第五章の「1　コラボレイティブ・ポエム」（2）を参照）。

（1）詩を読むための技法

詩歌療法でよく用いられる技法は、一人あるいは集団で詩を読み、治療者あるいは他の人々と詩の感想を語り合うことである。この技法は、他の人々と一緒に詩を読むことにより、詩あるいは詩を書いた人への共感と鬱積した感情のカタルシスを他の人々と共に体験するために行われる。集団詩歌療法では、多くの場合初めによく知られた詩が用いられ、詩の作者は何を言おうとしているのか考え、他の人はその詩をどのように理解しているのかを知り、そして他の人々の間に広がる感情を感じ取らねばならない。詩について語り合うことは、個人的な問題に触れるとして避ける人がいるかもしれない。そのときは、安全と考えるところで止めなければならない。それゆえ、治療者は、人々がその詩にどのように反応するか予め検討しておく必要がある。

詩歌療法を個人に適用するとき、詩を読んだ後に、詩について次のように質問する。「その詩はあなたにとって何を意味しますか」、「あなたの心に響く詩の行はどこですか」、「あなた自身を思い起こすような詩の行がありますか。それはどこですか」。さらに、「あなたはこの詩のどの部分を変えたいですか」と尋ねてもよい。このように質問することにより、詩を読むことで感じる思いや感情を自分と結び付け、現在の自分の感情、人生の目標や価値観を語るきっかけとする。そして詩の結末が、次第に書き換えられるようになる。

使用される詩は、「行かなかった道」のようにひとつの場合もあれば、ジェニーの症例のように、「大きな声で泣かないで」「憂うつな思い出にふける」「私は有名になった」「レディ・レディ」「全部はできない」「グッドバイ」そして「自由を求めて」など、いくつもの詩が用いられる場合もある（本章の「1　詩歌療法とブリーフ・セラピー」（1）を参照）。詩は、詩人の詩でもポピュラーソングの歌詞でもよいが、どのような詩を用いるかは最も難しい問題であり、治療対象者と治療目標や過程により異なってくる。リーディは、詩の雰囲気がその人の気分に似ており、詩の内容が結末に向かって徐々に希望を感じさせる詩が望ましいと言い、希望を与えず、人生が無意味だとする詩、罪悪感を増すような詩、頼るべき者がいないとする詩、悲観的で自己破壊的な愛の詩などは選んではならないとしている。抑うつ状態にある人には、カーライルの「今日」、クーパーの「暗闇から輝く光」、ロングフェローの「日は暮れる」「雨の日」

などのような詩を処方するのがよいとしている（第三章の「1　リーディの詩歌療法」を参照）。日本語訳の詩「千の風になって」や長田弘（2010）の「花を持って、会いに行く」は、愛する人を失った人のグリーフワーク（悲嘆の克服）のために用いることができる詩である。このような詩が、さまざまな症状や対象者について集められる必要がある。

（2）詩を書くための技法

多くの人は、突然、詩を書くように言われても書くことは難しい。そこで、どんなことを書いても、どんな形式で書いてもよいことを示すために、一行あるいは数行に書き分けた詩を示して、自分の思うままに、感じたままに作ればよいと言う。例になるような短い詩を予め用意しておくことが望ましいが、その場で治療者が作ってもよい。その人との会話の中でよく出てくる言葉や感情的な表現を選び、それらを用いて詩を書くように勧めるのも方法のひとつである。あるいは、マッツアのジョンの症例のように、最もリラックスできる時と場所について詩を書くという方法もある（第三章「詩歌療法の理論」の「3　マッツアの詩歌療法」を参照）。

詩を書く技法には、詩の基本形式（ステム）を示して、心理テストの文章完成法のように「・・・」の中に言葉を挿入あるいは短い文章を続ける技法がある。マッツアは、次のような基本形式（ステム）の例をあげている。

もしあなたが私を知っていたら…
…のとき、私はとても幸せです
…のとき、私はとても悲しい
私は…を信じている
…のとき、私は愛を感じる
私は…を恐れる
私は…に怒りを感じる
私は…を疑っている
…のとき、私は心が傷つく
私は…です。
もしあなたが「ノー」と言ったら…
もしあなたが「イエス」と言ったら…
もしあなたが私を無視したら…
私が一人でいるとき…

私が人混みの中にいるとき…
もし私の手が話すことができたら…
私は…に関心がある
昨日、私は…であった
今日、私は…です
希望は…です
恐れは…です
怒りは…です
幸福は…です
絶望は…です
親しいのは…です
愛は…です
どんなことも大抵は…です
私の最も大きな力は…です

あるいは、詩のはじめを「私の人生は…のようであった」と比喩を用いたり、「しかし」という接続詞を用いて自分の体験を対照的に書くことも技法のひとつである。

私はいつも…であった
しかし、今は…

この他、心理学の連想検査法のように、たとえば、空、花、あるいは雪などの言葉を示して、「この言葉から、どんな風景や事柄が思い浮かびますか、それを文字にして詩を作ってみて下さい」と言う。あるいは俳句や短歌の題詠のように、治療者が予め指示した対象を眺め観察して、気がついたこと、心に浮かんだことを詩のように書き分けるなどの技法もある。ただし、詩歌療法における詩作は、芸術的な詩を作ることではなく、自分をより豊かに表現・表出するための詩作であることを忘れてはならない。

第五章　連詩療法

1　連詩療法とは何か

（1）連詩とは

現代詩の「連詩」と集団詩歌療法で用いられているコラボレイティブ・ポエムは、共に複数の人々によりひとつの詩を作るという詩作形式を用いており、コラボレイティブ・ポエムは連詩の臨床へのひとつの適用技法とみることができる。そこで、はじめに連詩について述べ、次にコラボレイティブ・ポエムについて取り上げることにしたい。現在まで連詩療法という標題の研究報告はみられない。

大岡信（1991）の『連詩の愉しみ』（岩波書店 1991）によれば、連詩（Renshi）は一九七一年に現代詩の同人誌『櫂《かい》』の詩人たちにより「歌仙まがいの短詩の合作」を試みたのが始まりとされている。[1] その後、連詩は大岡ら日本の現代詩人と欧米の詩人との間でも行われ、アメリカの詩人フィッツシモンズ(Fitzsimmons, T.)との連詩『揺れる鏡の夜明け』(岩波書店 1982)、ドイツの詩人二人と大岡、川崎洋による『ヴァンゼー連詩』(岩波書店 1987)など、英語やドイツ語による詩集も出版されている。[2] 複数の詩人による共同詩作は、すでに一九六九年、パリにフランス、メキシコ、イタリア、イギリスの四人の詩人が集まって行われており、それぞれの言語でソネット形式の詩が書かれた『連歌——詩の鎖』(1971)がある。クロッペンシュタイン(Klopfenstein, E., 1987)は、この詩集をヨーロッパにおける最初の連鎖詩(連詩)[3]であると言っている。この他、アメリカの詩人スタフォードとベル(Stafford, W., & Bell, M., 1983)による詩集『セグエ』[4]も連詩集であるが、複数の詩人による連詩の詩集はきわめて少ない。

大岡(1987)は、『ヴァンゼー連詩』の「創造的刺戟と遊びの精神を求めて」の中で、連詩は日本の古典的な共同制作の詩である連歌や連句からヒントを得たもので、連詩は「より根本的な理念において連歌の精神を受けつぎ」、「詩の作者同士の間で、生き生きとした対話」を求めるものであるという。連詩が「生き生きとした対話」を求めるものであるという大岡の指摘は、連詩療法とその臨床的適用に理論的な根拠を与えるものと考えられる。詩歌療法の研究者たちがコラボレイティブ・ポエムを集団詩歌療法に用い始めたのは、マッツアによれば一九八〇年代からであり、欧米諸国でも連詩は少数の詩人の間でしか知られていなかったため、コラボレイティブ・ポエムの研究者たちが大岡らの連詩について知ることは困難であった。

次に、連詩という詩型の成立過程とその特徴を問題として取り上げることにしたい。連詩の場合、付ける詩句の行は何行にすればよいのであろうか。『連詩の愉しみ』によれば、『櫂』の同人たちは参加者の詩句行数を一行から五行までさまざまに変えて連詩を繰り返している。このような試みの後に、行数に制限を設けず自由に連詩を行ったところ、二行の詩句が最も多く用いられ、次いで一行、三行、四行の順であった。大岡は『櫂』の詩人たちによる実作の経験から、四行の詩句の付合《つけあい》が望ましく、次に二行の詩句の付合が望ましいとしている。ただし、連詩においては、行数を決めても一行の文字（音節）数は一定にならず、詩の行に長短が生じ、連句のような五七五・七七の形式をとることは難しいと言う。しかしながら、詩の一行の長さは、付合の詩句の行数を四行とした場合、「およそ一息で読みくだすことのできる長さの範囲内」という共通性が認められたという。

この「一息で読みくだすことのできる長さの範囲内」は、たとえ詩としてのまとまりが一時的に壊されることがあっても、連詩がひとつの詩として成立するための重要な要素であると考えられた。詩歌療法に連詩を用いるとき、付け合う詩の一行の長さを「一息で読みくだすことのできる長さ」とするならば、前後の詩の流れ、詩全体のリズムを著しく損なうことなく続けることができる。現代詩の詩人たちにとって四行の付合が望ましい行数であっても、詩作の経験に乏しい人たちにとって四行は長すぎて付合は難しくなる。それゆえ、連詩を心理療法に用いようとするならば、付合の詩句の行数は二行で、一行の長さは一息で読み下すことのできる長さがよいと考えられる。

付け合う詩の行数については、その後の大岡信編『連詩　闇にひそむ光』（岩波書店 2004）では、現代詩の詩人たちにより五（三）行の詩句に対して三（五）行の詩句をつける五・三行の形式で連詩が行われている。大岡は、四・二行形式でも六・三行形式でもよいが、実作体験から五・三行形式が安定した感じがするとしている。この詩集の「座談一」の中で高橋順子は学生やカルチャーセンターなどの一般の人たちには四・二行形式を用いているという。それゆえ、連詩を行う人たちにより、付け合う詩句の行数を変える必要があると考えられる。大勢の人と連詩を行うとき、次に誰の詩句を付けるのかという問題が生じるが、そうした教室では付ける詩を講師が選んでいる。それは、詩の流れを維持するためにも変えるためにも、連詩の進行者に課せられた役割である。ひとつの連詩をどのように終わるかについては特に決まりはないが、『連詩　闇にひそむ光』では五人の詩人がそれぞれ八編の詩を書き、四十編の詩ができたところで連詩を終わりにしている。付け合う五人の順序は、二巡目までは同じ順序で、三巡目からはそれまでとは異なる順序で行われている。付け合う順序を入れ替えることにより連詩の特徴を維持・強化している。

大岡は、『連詩の愉しみ』の中で付合の息が合ってきたという二行連詩の最後の四連を例に（「夢灼けの巻」）、「切れ」という詩作上の重要な指摘をしている。

33　花時計は遅れがち
　　精緻すぎる巣箱の設計図　　辰

34　老いた頭蓋の若い部屋を
　　残月が出入りする　　洋

35　かげろう炎《も》えよ　もののふの
　　かぶとを洗う川の波　　弘

36　魚影の奔《はし》るは幻に似て　　　　　　　信
　　景色に霞む詩《うた》のはて

二行詩の場合、各行とも短く、一行目と二行目の間に俳句でいう「切れ」、飛躍があり、そのため一行ずつは短くなっても「きりっと立つ」ことができるという。しかし、一行詩の付合では、一行の長さが明らかに長くなり、一行の中にほとんど「切れ」（飛躍）がなく、「一行の叙述は単純にただ一行の、律動的統一感（連句ではそれが生命）を欠いた互いにばらばらな叙述」になってしまい、その結果、「つかみどころのない断片の集合体」という印象を生み、詩にならないと言うのである。大岡は、短詩型が詩になり得るためには、詩句の行の中に明確な「切れ」、休止、断絶、すなわち「飛躍の可能性」のあることが必要であるとする。それゆえ、二行以上の付合ならば、連詩という新しい詩の形式が成り立ち得るとしている。

古典的な連句との関係について、大岡は「現代詩に基礎をおく連詩にあっては、五七五や七七の定型をも排除することなく、現代語のより広範なリズムを取り入れて」、詩を作ることができ、連句などの古典的な詩形式にみられる季、月・花の定座、歌仙、半歌仙など多くの規則は、連詩においては守る必要がないとしている。実際に二行以上の詩句を連ねようとすれば、このような約束事は無益になると言う。

最初の連詩は「櫂」の同人の八人により行われたが、同人九人が集まったときには二つのグループに分かれて行っている。その経験から、大岡は、連詩の参加者はあまり多くなく、四、五人が適当な人数ではないかと言っている。

(2) 連詩の心理的効果

連詩は、参加者にどのような影響を与えるのだろうか。大岡は、『連詩の愉しみ』の中で「連詩の最も肝心な部分は、互いに相手の手の内まで見えてしまうほどの密接さで、発生状態において生け捕りされた言葉をやりとりする緊張感、それと重ね合わせに現れる密度の濃い談笑のくつろぎといったものであって、その点、連詩の試みとは、詩句の付合《つけあい》を通じて、他者との、いや自分自身とさえもの付合《つきあい》を刷新する機縁となるかもしれないもの」と言っている。

また、大岡によれば、連詩の経験は、共同制作された作品としての詩そのものよりも、「言葉の作品を作り合うという条件のもとでのみ形づくられる特殊な他者発見の場の雰囲気」が参加者全員に大きな影響を与えるという。連詩は、「他者を知り、他者に知られるという、人間関係上の大問題に直接関わる興味深い形式ではないかと思う」とも言い、他者を知るということが、「自分と他者との実に多様な異質性の発見」であるとする。「他者との同質性、共通性の発見」はもちろん喜ばしいが、大岡は「より深い喜びと信頼感を生み出すのは、逆に、他者と自分がどこでどれほど違っているかということを、深い畏れと敬意と親愛感をもって認識するところにある――そのことを連詩制作体験は骨身に徹して教えてくれました」と『連詩の愉しみ』の「あとがき」に書いている。

ドイツの詩人たちとの連詩集『ヴァンゼー連詩』の「創造的刺戟と遊びの精神を求めて」の中で、大岡は「連詩の開始当日まで互いに未知の外国人同士にすぎなかったわれわれは、同じ建物の同じテーブルの上で毎日共同で詩を作ってゆく作業を通じて、急速に親しみを増し、一つの笑い声、一つの沈黙が意味するものをよりよく深く感じとるすべを学んだ」と言う。同じように、川崎洋（1987）は、「すべて初めてのことだった――ヴァンゼーの思い出」の中で、「連詩は、お互いの感情や理性、あるいは意識の底から差し出された手と手の握手のようなものだと思う」と言っている。『連詩　闇にひそむ光』の「座談二」で、小池昌代は連詩には「集団的な治療の意味あいというのがあるような気がする」と言い、現代人の「我」（自我）がなだめられていくような感じがあるとして、連詩の無意識的な治療効果を指摘している。連詩療法という言葉は用いていないが、連詩による心理療法の可能性を示唆している。このような連詩の効果は、連詩の詩作形式そのものと数時間あるいは数日間にわたって詩作を共にすることにより形成される「付合の心」とでも言うべきものにより生じると考えられる。

大岡とフィッツシモンズの連詩集『揺れる鏡の夜明け』には、二〇編の連詩の詩作過程が大岡により「制作ノート」として記述されている。それによれば、連詩は、大岡の英語の詩の草稿を会話をしながらフィッツシモンズが字句を添削し英語の表現に修正しながら進められた。「英語で詩を書くというおよそ無謀な試みが、必ずしも苦痛な作業ではなく、むしろ楽しみであった理由は…試みの性質自体が多様に変化して私に多くのことを教えてくれた」からであると言っている。

＊

連詩の詩作過程である他の人の詩句に自分の詩句を付けるという行為の繰り返しは、自己と他者に対する認知を変化させる。大岡とフィッツシモンズの『揺れる鏡の夜明け』では、それぞれの詩の題名を、その前にある詩の最後の言葉によって詩作するという方法で連詩が行われている。この付合はある種の制限を意味している。付合の制限は、気づかなかったものを意識化させる。なぜなら、意識は、常にその流れを妨げる何かによって意識化されるからである。連詩という特殊な状況での詩作は、感情の露わな表出、感情のカタルシスを抑制することになるが、そのために認知的変容が促進されると考えられる。

連詩を心理療法に用いるならば、他の人々とひとつの詩を書くことで、自覚されていない問題に気づき、悩みや苦しみが自分だけのものでないことを知るようになる。自分の問題が他の人と似ていると気づくことにより、他の人々の思いや感情が共有されるようになる。この感情の共有は、対人関係を改善し、他の人々とのコミュニケーションを促進させる。連詩療法は、「他者との同質性、共通性の発見」から「自分と他者との多様な異質性の発見」の過程を体験させることで、病からの回復を図る療法である。連詩療法は、詩による心理療法であり、心理治療的効果に関して連句療法と多くの共通性が認められる（第七章連句療法を参照）。連詩による心理療法は、広い意味での人間関係に何らかの問題をもつ人たちに有効な療法と考えられる。

2　コラボレイティブ・ポエム

(1) チェイスによるコラボレイティブ・ポエム

これまで集団詩歌療法において、コラボレイティブ・ポエム(collaborative poem)と言われる詩作形式が用いられてきた。コラボレイティブ・ポエムは、治療者とクライエントの二人で行われる場合もあるが、多くは七、八人のグループの参加者が共同してひとつの詩を作る詩作形式を言っている。詩のテーマは、ある場合もない場合もある。現在までコラボレイティブ・ポエムのさまざまな技法が開発され、この心理療法の効果が個人(参加者)と集団(グループ)について検討されてきた。そこで、コラボレイティブ・ポエムというアイデアが得られた過程といくつかの技法について取り上げることにした。

チェイス(Chase, K., 1989)は、コーネル・メディカル・センターの招聘詩人(ポエット・イン・レジデンス)として、慢性期の精神病患者の失われた言葉と表現を取り戻すために、彼らと一〇年間かかわってきた。チェイスの論文「コラボレイティブ・ポエムの詩作について」は、おそらく精神病院において行われたコラボレイティブ・ポエムについての最も初期の報告と考えられる。

チェイスによれば、芸術家には孤独のイメージが付きまとうが、詩人たちは自分たちが一般市民であることを確かめ、議論するための集会(コンファレンス)を毎年のように開いており、二人の詩人スタフォードとベル（Stafford & Bell, 1983）による詩集『セグエ』をみれば実際は孤独な者たちではないことがわかるという。この二人の詩人は、集会の間は直接、その後は手紙で詩を交換し続けた。スタフォードは詩集の序文に、「私たちは詩を書き、それを送り、返事を待った。そしていつも返ってきたものは以前のものを豊かにし、次の活動へと駆り立てた」と書いている。このようなコラボレイション（付け合い・掛け合い）はジャズではごく普通に行われているが、詩については一般的ではない。チェイスは、モロッコの小さな村の詩人たちはいつも一緒に詩を作り、交互に歌い、あるときは一晩中歌い続けるという文化人類学の報告（Geertz, C., 1983）から、モロッコの小さな村とは異なるが、ユニークなコミュニティのひとつである精神病院で患者と交互に詩を書くというアイデアを得た。

このアイデアが詩の行を交互に付け合うコラボレイティブ・ポエムとなったのは、四人から八人の生徒（患者をこう呼んでいる）のグループに対する詩のワークショップでのことであった。チェイスは、最初の数週間は、一緒に詩を書こうとほのめかし、簡単に書く方法があると思わせ、重くなる気持を軽くするようないくつかの工夫をした。たとえば、あるときは紫玉葱、スペイン玉葱、小さなホワイトパール玉葱、普通の黄色玉葱などを用意し、そのひとつを選ばせ、その玉葱になったと想像して、詩を書くように患者を促した。何人かは、コラボレイションへの意欲を示し、次いで自分を表現する詩を書いた。また、あるときはバッグからアルファベットの形に打ち抜いたパスタを取り出し、それで言葉を作ってみせた。患者の一人（トニー）も言葉を作り始めた。それは「Fowzar」（辞書にない言葉）であった。「それ言葉なの」とたずねると、笑いながら「そうだよ」と答えた。そして、トニーは「Fowzar」は「Zoxes」と「Mulet」に会いに行ったと言う。チェイスは、「私たちの言葉を使って」と言った。かなり長い時間が過ぎたように思われるが、トニーは、「Fowzar の言葉の定義を書こう」と言ったので、交互に詩の行として書いた。それが次のような詩である（訳は大意）。（Kはチェイス、Tはトニー、Zox も Mulet もトニーの造語で、辞書にはない）

Zox と Mulet について

zox のボックス　―T
棚の上にすべて　―K
フライパンの中の mulet　―T
ベーグルとサケの燻製を一緒に　―K

Fowzars と キツネ　―T
どうにもならないお父さん　―K
あざけりと笑わせる　―T
ぶっきらぼう、広い心、変わり者　―K

「これが私の最初のコラボレイション」とトニーが言ったとき、コラボレイティブ・ポエムという詩作のアイデアが明確になったという。「どのように付け合うのか」「どんな言葉で話し合うのか」「コラボレイション（付合《つけあい》）の基本的なルールは」などは、コラボレイティブ・ポエムにとって重要な問題であったが、その答えはこの単純で簡便なやり方にあった。チェイスは詩は本質的に対話であり、声を出して読むことが重要であるとしている。

コラボレイティブ・ポエムの詩作を通して、共通の言葉の世界に復帰した無口な患者レイが、ひどい脳損傷により歩行と発話に障害がある患者リンダを連れてワークショップに参加した。ワークショップが終わりかけた頃、参加者はそれぞれ自分の書いた詩を声に出して読んだ。リンダに「読んで欲しい詩があったら選んで」と言って、スタフォードの詩集を渡した。リンダは詩「カンサスの彼方に」を選んだ。この詩の最後の一行は、「私の郷里はまだ暗闇の中に／私の夢は語るにはあまりにも遠すぎる」で終わっている。精神病院の患者の多くは、スタフォードの詩のように、彼らの夢を「言葉にするにはあまりにも遠すぎる」と感じている。しかし、社会から隔離された院内コミュニティの中であれ、院外のコミュニティであれ、どこで詩を書くにしても、詩は人々を互いに結び付け、失われた結び付きを回復させると言っている。

その後、チェイスは、『ランド・オブ・ストーン（石の大地）』（Chase, 2007）において、ベンと呼ばれる口を利こうとしない若者と二年の間毎週一回コラボレイティブ・ポエムを行い、会話を取り戻した記録を書いている。

ベンは、一九八〇年代の中頃両親により精神病院に送られてきた患者であった。その時まで、六年間口を利かず、ときどき暴力を振るった。チェイスが閉鎖病棟で彼に会ったとき、ベンは凝視するように強い視線を向け、同じ場所に身体を硬くして立ち、何も語るまいという態度を示した。ベンの両親はホロコーストの生存者で、イスラエルに何回も行き来していた。ベンは、学校の成績も優秀で、絵や音楽が好きで、陸上競技の選手としていくつものトロフィーを得ていた。中学生のときドラッグを覚え、高校生になってあまりにお喋りでクラスの秩序を乱すという理由で退学させられた。そのとき、何かの理由で、話すことを止めてしまった。最初に精神科の病院に入れられたのは、二四歳のときであった。ベンは言葉を捨ててしまい、自閉症と診断された。

チェイスとベンは、毎週一回閉鎖病棟で会ったが、ほとんど無言で互いにコラボレイティブ・ポエムの詩の一行を書いていた。チェイスがコラボレイティブ・ポエムを始めるときによく用いる技法であるが、二人の間に石を置き、紙に「わたしは石」と書き、ベンに渡した。前の週に会ったとき、チェイスにはベンが石のように見え感じたので、詩の書き始めを石にしようと思い付き、石を持ってきたと言っている。最初のコラボレイティブ・ポエムの第一行を「わたしは石」としたのは詩人のひらめきであり、優れた導入方法であった。そして、互いに一言も発せず、詩が書かれた紙をやり取りした。その時、内面の世界ではなく外の世界を詩に書こうと言い、個人的な事柄の表現を避けようとした。しかし、チェイスが「わたしは石」と書いたとき、ベンは自分を石に投影し、石を自分と沈黙の比喩として用いていた。その詩は次のようであった（訳は大意、Kはチェイス、Bはベン）。

わたしは石　（K）
石はよい　（B）

それは野原にある　(K)
石は決して悩まない　(B)
決して夢をみない　(K)
石はいつもやって来る　(B)
どんな天気のときも　(K)
あらゆるものは石と一緒ならいつも幸せ　(B)
吹雪のときも　(K)
あらゆるものは石と一緒ならいつもオーケー　(B)

一緒に詩を書き始めた最初の日、チェイスは何がお互いをコラボレイションに引きつけ合うのか不思議であった。その後、比喩的な言葉を用いた詩を通して自分の物語をゆっくりと語りはじめたベンの様子をみて、ベンが自分の物語を語る相手を得るのにいかに長い時間かかっていたか理解できたという。チェイスは、最近母親を亡くし、幼児の頃、小児麻痺にかかり苦しんだ経験があった。ベンは、長い間閉ざされた自分の内面のみを見ていた。チェイスも、小児麻痺にかかったとき、自分自身を閉ざしていたことがあった。チェイスもベンも、コラボレイティブ・ポエムを続けるための体験を共に持っていたことに後になって気づいたという。チェイスの詩人としての感性と共感する能力が、コラボレイティブ・ポエムを可能にしたと考えられる。二人は、二年間に二〇〇の詩を書いた。それらの詩の行数は、ほとんどが一〇行前後で、長い詩でも三〇行を超えるものは稀であった。

ある日、「イエス」「ノー」「みんなよい」としか言わなかったベンが、紙に書かれた最初の語をみて声を発し、次に言葉を声に出した。遂にベンは話し始め、会話の世界に帰ってきた。沈黙は彼を個人的な世界に閉じ込めたが、詩を書くことで、ほんの少し声に出して言うことで、言葉は彼の敵ではなくなっていった。言葉は、他の人たちの世界に戻る道案内のように働いたとチェイスは言っている。

（2）コラボレイティブ・ポエムの集団への適用

ヨシム（Yochim, K. 1994）は、対人的接触を避けてきた精神病院の入院患者に対して、コラボレイティブ・ポエムを対人関係を回復させるための方法として用いた。その方法は、いくつかの詩を声を出して読み、次に詩のイメージ、詩を読んで生じた感情や心に浮かんだ思い出について話し合うことであった。そのとき用いられる詩は、リズムがスムーズで、表現が簡潔で易しく、内容が参加者に関係があると思われる詩である。コラボレイティブ・ポエムの導入時には、以前の参加者が書いたポエムがしばしば用いられた。そのひとつが、次のような詩である（訳は大意）。

解放する

お金は木を育てない
罪悪感と羞恥心の下から、

私が自分を解放するのに長くはかからない、
そして他の人も私と一緒に
時間はほんとに夢なのです
言葉が混乱し
愛は私の心の中を流れる川のようです

コラボレイティブ・ポエムを書くとき、最初の一行が詩の雰囲気にとって非常に重要なので、集まった人の中から詩を書いたことがあり、創造的でユニークな人を選び、その人の書く詩を用いている。クリップボードが参加者に順に廻され、書かれた詩を見てほほえむ者もいれば、声を出して笑う者もいる。約十分後、全員が詩を書き終わったとき、治療者はその詩を声に出して読み、詩の題名（タイトル）をどうするか尋ねる。タイトルがいくつかあげられたときは、みんなの投票で決める。集団詩歌療法でコラボレイティブ・ポエムを用いるとき、どのような詩が書かれたか参加者に直ぐ示すことが大切なので、治療者は直ちにタイプする。その時、オリジナルな表現は決していじらないが、長い詩の行を数行に書き分けることがある。このようにして作られた詩は、その後色鮮やかなカラーペーパーに印刷される。カラーペーパー、たとえば黄色がかった薄緑色とエメラルド・グリーン、ピンクと明るい青緑色を組み合わせた紙を用いれば、人々の注意を引きつけるし、詩のイメージも鮮やかに示すことができる。

このようなコラボレイティブ・ポエムが院内掲示板に張られると、患者は掲示板の前に立ち止まり、訪問者や他の人たちと一緒に自分たちの詩を見ることになる。そして、患者はいつもは接触を避けていた他の人たちに、自分の書いた詩の行を説明する機会が与えられる。コラボレイティブ・ポエムは、他の人々と一緒に活動することの楽しさを体験させ、自分たちの詩が声に出して読まれるとき、互いに微笑んでいた。このような体験は、辛く、孤独で、心の痛みを長い間感じていた人たちにとって初めての体験であり、時間であったと、ヨシムは言っている。

コラボレイティブ・ポエムは、個人にとりヒーリング（癒し）効果をもたらすが、同時に病棟内のグループに「まとまり」（集団の凝集性）を与えるとしている。グループ参加者の成功体験の共有は、集団の凝集性を高める要因のひとつであることは、心理学（組織心理学）において一般的に認められているところである。

麻薬中毒の母親の治療にコラボレイティブ・ポエムを用いたプラッセ（Plasse, 1995）は、この人たちには親子関係の修復・再形成のための教育と麻薬中毒の治療の両方が必要であるとして、次のような技法を用いている。そのひとつは、コラボレイティブ・ポエムの最初の詩の第一行を「私の子どもを初めて抱いたとき」として、次の詩では「あなたが私の目をみつめるとき、あなたは見る」であり、そして「お母さん（お父さん）がいたら」であった。

最初のコラボレイティブ・ポエムでは、「私の子どもを初めて抱いたとき」と書かれた罫線の引かれたカードが配られ、無記名であること、綴りの誤りや字の巧拙などは気にしないように言い、アイデアや思考力よりも自分の記憶や感情を素直に書くことを強調した。数分後にカードは集められ、トランプのように切って、治療者が声に出して読んだ。詩は、いつも参加者を驚かせ楽しませた。「私の子どもを初めて抱いたとき」では、次のような詩の行が書かれた（訳は大意）。

私の子どもを初めて抱いたとき
　私は幸せを感じ、夢のようであった。
私の子どもを初めて抱いたとき
　とても楽しかった
　人形のように抱きしめた
　私の一部であり、永遠に生きようと。
私の子どもを初めて抱いたとき
　何とかわいらしい宝石を得たような経験であった。
私の子どもを初めて抱いたとき
　わたしは子どもの頬を指でつつき、子どもはほほえんだ、
　胸がいっぱいになり、楽しく、こわくなった。
　手と足の十本の指、みんなちゃんとついている。
私の子どもを初めて抱いたとき　私は幸せを感じた
　私はほほえんだ、子どもの心音を感じ、次に私の鼓動を感じた。

これらの詩は、次回までに上質紙に印刷され配布された。参加者の希望により院内誌にも掲載した。そのとき、綴りや文法の修正も最小限に止め、言葉も可能な限り流れに従った。次の詩の「あなたが私の目

をみつめるとき、あなたは見る」では、次のようなコラボレイティブ・ポエムが作られた。この最初の一行は、「私の子どもを初めて抱いたとき」よりも感情や思いを自由に詩にすることができた（一部、訳は大意）。

あなたが私の目をみつめるとき、あなたは見る
とてもたくましくとても愛らしい私の姿を
これこそわたしが求めていた人だと思うでしょう

あなたが私の目をみつめるとき、あなたは見る
幸せとあなたに出来るすべてがあると

あなたが私の目をみつめるとき、あなたは見る
私の可愛いひとを

そして、「お母さん（お父さん）がいたら」では、自分が子どもの頃の父母の愛情を思い出して詩に書くことを求めた。そうすることで、子どもへの愛情を自覚させようとした。その詩は、次のようであった（一部、訳は大意）。

大切な愛

わたしが大切に思うお母さんがいたら
わたしにキスしてしっかり抱きしめてくれたでしょう

わたしが大切に思うお父さんがいたら
昔に返ることができる
人生は快く自由であったときに
公園の遊びは本当に心地よかった

わたしが大切に思うお母さんがいたら
お母さんはわたしに言ったでしょう
どんなことがあろうともあなたを愛していると

コラボレイティブ・ポエムを書くという集団活動を通して、麻薬中毒の母親たちの回復への意欲を高めることができたとしている。治療が終わり施設から出所するときの式で、詩は集まった家族や友人たちの前で静かに誇らしげに読み上げられた。プラッセの報告は、コラボレイティブ・ポエムが教育のための方法にもなることを示唆している。

マッツアとプレスコット（Mazza, N. & Prescott, B. U., 1981）は、最近互いに口を利かなくなった、四組の男女のカップルの「コミュニケーション障害」の心理治療に詩歌療法を適用した例を報告している。二組は結婚しており、他の二組は一年以上一緒に生活しているカップルである。詩を読み、詩の感想を言い、内容について互いに話し合い、そしてコラボレイティブ・ポエムを一緒に作るという詩歌療法の一般的な手順に従って進められた。詩をこのように用いることで、クライエントは不安や恐れを感じることなく自分自身を表現することができ、治療者はクライエントの治療への抵抗を弱め、積極的にコミュニケーションをとることができるとしている。

コラボレイティブ・ポエムの題名は、話し合いの中から治療者が重要と思われるテーマを選んだ。それがコラボレイティブ・ポエムの最初の一行になり、クライエントはそれぞれ離れた場所に移動し、二行の詩を付けることが求められた。参加者が再び一緒になったとき、それらはひとつの詩にまとめられた。一緒に読んだ詩から、カップルの誰もが「完璧になろうとして」というテーマに関心を持ったので、これをコラボレイティブ・ポエムの最初の行とした。そして、次のような詩が作られた（訳は大意）。

完璧になろうとして
わたしはときどきバランスを失い
そして混乱してしまう
わたしはとてもこわばった
生気のない顔になる

心の内を固く閉ざし
壊したい貝のように
でもわたし自身がそうすることを妨げている
そして破壊的な自分を感じる
恐ろしいことを想像する
そうあってはならないことを

繭

けっして蝶にならい
確かに　わたしは飛ぶことが出来る
でもわたしは脱皮しなければならい
そのときわたしは私自身になる

このようなコラボレイティブ・ポエムが作られたとき、治療者は次のようにクライエントに問いかけた。「あなたが混乱したとき、何が起こったのですか」「貝、繭、蝶についてもっと話してくれませんか」「どのようにして貝の中に閉じこもったのですか」。詩の中の「恐ろしいことを想像する」とは何かという問いに、「生気のない顔」のことかも知れないと言う。この詩は、「確かに、わたしは飛ぶことが出来る」という希望と「でもわたしは脱皮しなければならない」という課題で終わっている。人生とカップルの間の関係の両方を改善しようとしていることを示している。

(3) コラボレイティブ・ポエムの技法

コラボレイティブ・ポエムは、詩歌療法において用いられる連詩のひとつの技法である。詩作は、治療者とクライエントの二人が交互に詩句を付け合う場合もあれば、治療者を除く数人の参加者が、多くても七、八人が数行の詩句を付け合う場合もある。詩の最初の一行は、治療者が治療目的に応じて示す場合もあれば、他の詩を読み感想を語り合うなかで、参加者により決められる場合もある。また、チェイスのように玉葱や石のような「もの」を前にして詩作する場合もある。コラボレイティブ・ポエムの詩作は、治療目的と治療過程に応じて繰り返される。それゆえ、治療者は、各回の目的をできるだけ明確にしておく必要がある。詩歌療法の導入時に用いられる詩は、参加者が関心を抱くような内容の詩が望ましく、以前に同じような問題に悩んでいた参加者によって作られた詩があれば、それを用いるのが望ましい。

付け合う詩の行数は、多くの場合二行であるが、チェイスのトニーやベンのようにクライエントのコミュニケーションに問題があるときは一行が望ましいと考えられる。付け合いの形式には、最初の一行の書かれた紙を挟んだクリップボードが参加者に順に渡され、受け取った人は自分の詩を記入する形式もあれば、最初の一行が書かれたカードが配られ、参加者はそれに自分の詩を書き、十数分後にカードを集めてトランプのようにシャッフル(切る)し、ひとつの詩にまとめる形式もある。いずれの場合も、無記名で、感じたまま思ったままに書くように指示する。参加者の詩がひとつの詩にまとめられるとき、綴りや文法の誤りの修正も最小限に止め、詩の行の順序は変えず、一行が長い場合は数行に書き分ける程度にする。まとめられたコラボレイティブ・ポエムは、直ちにホワイトボードに書き写し、参加者みんなが声に出して読む。治療者は、詩句の意味がはっきりしないとき、「これはどんな意味?」「どんな気持なの?」などと問いかける。次回には印刷(タイプ)された詩が参加者に配られる。

コラボレイティブ・ポエムを何行で終えるかは難しい臨床的判断を必要とするが、二人の場合はそれぞれ五回で一〇行から一〇回で二〇行程度が、七、八人のグループの場合はそれぞれ一回から二回が適当な回数と考えられる。回数が増え行数が多くなるに従って詩の意味の理解が困難になり、治療目的との関係が曖昧になる恐れがある。

コラボレイティブ・ポエムは、どのような障害や症状の人たちに有効かという問いの答えは、連詩の詩作過程のなかにある。コラボレイティブ・ポエムはわずか数行の詩句を付け合うのであるが、自分の感情や思いを不安や恥じらいを感じることなく表現・表出することができる。そして、他の人の詩句に自分の詩句を付け、あるいは自分の句に他の人の詩句を並べることを繰り返すことにより、付け合いの心を生じさせ、自分の感情や思いが他の人々と似ていることに気づかせる。同じような悩みや苦しみをもつ人の間にお互いに分かり合えるという感情が生じる。このような感情の共有は、それまでの対人関係を改善するきっかけになり、他の人たちとのコミュニケーションを促す。それは、詩の内容だけでなく、詩作の形式そのものの効果でもある。治療者の感受性・共感する心がなければ治療効果の得られないことは、他の心理療法と同じである。コラボレイティブ・ポエムは、広い意味での人間関係に何らかの問題を持つ人たちに有効な技法であると考えられる。

共通の言葉の世界から離れてしまった精神的障害者、おそらく自閉症や統合失調症と考えられる人たちの症例報告は、患者と治療者によるコラボレイティブ・ポエムにより現実の世界に復帰させる可能性を示唆している。

第六章　俳句療法

1　俳句の心理的過程

日本の伝統的な詩型である俳句についても、詩（近・現代詩）と同じように作り読むことにより認知的変容と感情のカタルシスが生じるならば、心理療法が可能となる。そして、俳句療法の可能性を検討することで、詩と俳句という詩型の違いを超えて詩による心理療法（詩歌療法）とは何かを明らかにすることができる。

俳句（句作）の心理的過程を考察するにあたって、俳句入門書の記述は有力な手掛かりとなる。入門書のひとつである辻桃子・安部元気『はじめての俳句づくり』（日本文芸社 2006）では、俳句を作るうえで最も大切なことは「自分の感じたこと、思ったことを素直に表現する」ことであり、「作者のヒソカなる思いが少しでも出ていればいいのです」と言う。今日の出来事で頭に浮かんだこと、心に残っていること、書き留めておきたいことを題材に俳句を作ることを勧めている。

「なぜ俳句をつくるのか」という問いに、自分の心に感じたことを「言葉に表して表現したくなる」からであり、俳句を一句作ってみると、①「何かほっとする思い」を経験する、②自分の作った句をもう一度読むことで、自分を客観的にとらえることができ、③他の人がそれを読むとき、そこに込められた喜びや悲しみが伝えられ、④読んだ人も自分の人生を見つめるきっかけになるとしている。この四つの事柄は、俳句と詩（近・現代詩）の詩型の違いを超えて、詩を作り詩を読む効果について考えるときの基本的な観点を示している。

明治以降の俳句に大きな影響を与えた正岡子規は、俳句をどのように詠むことを主張しているのだろうか。復本一郎の『俳句の発見——正岡子規とその時代』（NHK出版 2007）を引用するならば、「月並み」、「いやみ」そして「たるみ」のない俳句の主張である。[1]「月並み」は句中の事柄が「感情的に連想されることがなく推理・推測されるもの」を、「いやみ」は句が「理屈・論理的になる」ことを言い、これらは俳句より排除すべきものとしている。「美」と感じたものを「写生」すれば、「理屈」から離れることができると言うのである。「たるみ」は、「虚字」すなわち「てには」「副詞」「動詞」の多用が「たるみ」を生じさせるとして、不用の語を除き、言葉を切り詰め、語の位置を転倒するなどして句作することの主張である。それゆえ、俳句は、論理ではなく感情の連想であり、言葉の圧縮による文学ということができる。俳句のこれらの特徴は、これまで考察してきた詩にも共通するものである（第一章の「1　詩とは何か」と「2　文体論からみた詩」を参照）。

俳句（句作）の心理的過程について考察しようとするとき、俳句についての夏目漱石と寺田寅彦の所説はきわめて示唆に富んでおり、[2] この問題を解く手掛かりになる。ただし、この二人は子規派の人であり、その俳句は有季定型の俳句である。

(1) 夏目漱石と寺田寅彦

夏目漱石は、『草枕』(1906. 引用は岩波文庫 1990) の中で、句作の心理的過程について、「おのれの感じ、その物を、おのが前に据えつけて、その感じから一歩退《しりぞ》いて有体《ありてい》に落ち付いて、他人らしくこれを検査する余地さえ作ればいいのである」と言い、そして詩人とは「自分の屍骸《しがい》を、自分で解剖して、その病状を天下に発表する」者であり、詩人になるとは「一種の悟り」であると言っている。腹が立ったところを十七文字(俳句)にすると、「自分の腹立ちが既に他人に変じている」、涙をこぼすとき、この涙を十七文字(俳句)に纏《まと》めると、「苦しみの涙は自分から遊離して、おれは泣く事の出来る男だと云う嬉しさだけの自分になる」とも言っている。主観的な体験が句作により言語化されるとき、その体験は客体(客観)化され、感情が浄化《カタルシス》されて、認知的変容が生じることを指摘している。[3]

漱石は、詩を「絵画と同じく空間的に景物を配置したのみで出来るだろう。ただ如何なる景情を詩中に持ち来って、この曠然《こうぜん》として倚托《いたく》なき有様を写すかが問題」であるという。そして「もし詩が一種のムードをあらわすに適しているとすれば、…単純に空間的なる絵画上の要件を充《み》たしさへすれば、言語を以て描き得るものと思う」としている。この指摘は、イギリスの詩人ルーイス(Lewis, 1966)の「詩は言葉による絵(word picture)」を想起させる。俳句が言語をもってする絵画というのは、子規の写生論にも通じるが、この言葉は少なくとも子規（1975）の『病牀六尺』と『墨汁一滴』にはみられず、英文学者としての漱石の言葉と理解される。

寺田寅彦の『俳句の精神』[4]（1961）における俳句とその詩型に関する論述は明快であり、俳句の心理的過程についての考察は示唆に富んでいる。

寅彦によれば、俳句の詩型の短さは、用いられる言葉（語数）が少ないために言葉の「感覚の強度」を強め、言葉に「連想と暗示の概念的な圧縮」という効果を生じさせるとしている。俳句における「言葉の圧縮」、「連想」と「暗示」の重要性の指摘は、詩の場合と同じである（第二章「詩の心理学」を参照）。さらに、詩型の短さは、詩作における主観と客観、作者と読者の関係にも影響を及ぼすとしている。俳句の詩型が極端に短いために、「もし直接な主観を盛ろうとすると、そのために象徴的な景物の入れ場がなくなってしまう」と言う。そこで主観を「象徴の中に押し込み」、「自然と有機的に結合した姿で」表現するしかない。その結果、俳句を詠む者は、「読者と同水準に立って、その象徴の中に含まれた作者自身を高所からながめるような形になる」としている。句作過程において「作者自身を高所からながめる」ことにより主観から客観への転換と作者から読者への移行が生じ、この転換と移行は俳句に限らず詩作に通常みられる心理的メカニズムであるが、俳句において特に顕著に生じる。そして、「俳句における作者の自己の特殊な立場は必然の結果として俳句に内省的自己批判的あるいは哲学的なにおいを付加する」ことになるとしている。

句作の過程で生じる心理的変化について、寅彦は「俳句の修業はその過程としてまず自然に対する観察力の錬磨を要求する。俳句をはじめるまではさっぱり気づかずにいた自然界の美しさがいったん俳句に入門するとまるで暗やみから一度にとび出して来たかのように眼前に展開される。今までどうしてこれに気がつかなかったか不思議に思われるのである」と、句作の過程が認知的変容を生じさせることを指摘している。同時に、自然の美しさを観察し自覚しただけでは句はできないとして、「その眼前の景物の中からその焦点となり象徴となるべきものを選択し抽出することが必要である。これはもはや外側に向けた目だけではできない仕事である。自己と外界との有機的な関係を内省することによって始めて可能となる」と言い、句作が認知的変容だけでなく、認知構造の再構築であることを示唆している。このような認知構造の再構築は、俳句ばかりでなく俳句以外の詩にも認められる現象である。

また、寅彦は、芭蕉の連句集『猿蓑』の「鳶の羽」の巻の最初の句「鳶の羽も刷《かいつくろひ》ぬはつしぐれ」を取り上げ、「鳶はひとしきり時雨に悩むがやがて風収まって羽づくろいする。その姿を哀れと見るのは、…日常生活のあわれを一羽の鳥に投影してしばらくそれを客観する、そこに始めて俳諧（俳句）が生まれる」[5]と言い、「投影」という心理過程を指摘している。[6]この投影という心理過程は、句作においても句の鑑賞においても、心的状態を外界へ表出するものであるゆえに、その人を理解し了解するために重要な概念となる。

この点に関して、芭蕉の臨終に近い日の俳句に、「此秋はなんで年よる雲に鳥」という句があり、「雲に鳥」に至るまでの芭蕉の苦悩の句作過程を大岡信（1994）は次のように説明している。この句は芭蕉が体調の崩れくる衰えを感じ、もう助からないであろうという危機的な状況において詠まれたもので、「此秋はなんで年よる」という「痛切な嘆きの言葉」が「雲に鳥」という「客観的な、いわば描写にすぎない言葉」によって吸い取られ、そこに「縹渺《ひょうびょう》たる一種の象徴的な空間」が浮かんでくるとしている。この句は、強い主観的な心情が自分から切り離されて客観的（対象的）世界に投影されることで痛切な嘆きが純化・浄化されていることを示している。

しかし、句作することで、激しい感情がいつもこのように純化され浄化される（カタルシス）とは限らない。芭蕉は、「奥の細道」の帰途、金沢で会うことを楽しみにしていた小杉一笑の死を知り、追悼の句「塚も動けわが泣く声は秋の風」を詠んでいる。この句は芭蕉の生涯の中でもっとも激しい感情を現した句とされている。大岡の表現を借りるならば、「塚も動けわが泣く声は」という「痛切な嘆きの言葉」は、「秋の風」という「客観的な、いわば描写にすぎない言葉」によって吸い取られているだろうか。「秋の風」により激しい感情が沈潜した悲しみに変化したとしても、「痛切な嘆き」は「秋の風」によって純化され浄化されているとは考えられない。俳句を作ることは、詩の場合にもみられるように（第一章の「2　詩の動機づけ――フロイト」を参照）、いつでも認知的変容とカタルシスを生じさせるものでないことを示している。

これまでの考察は有季定型の伝統的な俳句に関するものであり、無季、自由律俳句の心理療法的意味については改めて問題としたい。俳句の詩形を欧米諸国の言語に応用したハイク（Haiku）の心理療法的効果の検討は、この問題への有効な手掛かりになると考えられる（本章の「3　ハイク療法」を参照）。

（2）俳句の推敲法と認知的変容

高浜虚子の『俳句の作りやう』（1914．引用は角川ソフィア文庫 2009）は、俳句の作り方について述べたものであるが、その具体的記述は俳句の推敲法として読むことができる。虚子は、俳句を作るとき、「何でもいいから」「どうでもいいからとにかく」、季題と切れ字を使って十七文字にしてみることをすすめる。[7]そして俳句らしい句にするための方法（推敲の方法）を三つあげている。第一は、許六の言う配合法であり、第二は、去来の言う「じっと眺め入ること」「じっと案じ入ること」である（許六も去来も芭蕉の門人である）。配合法は拡散的思考による方法であり、「じっと眺め入ること」「じっと案じ入ること」は収束（集中）的思考による方法と言うことができる。この二つの方法は心理学の創造的思考の方法である。第三は、「埋字《うめじ》」による方法である。[8]

第一の配合法とは、句中の言葉に執着せず、他の言葉（配合物）を求め、それと句中の言葉を結びつけて句作することで、二つの言葉の組み合わせ（結合、取合《とりあわ》せ）を意味している。虚子は、その例として「お年玉」を詠んだ句の「お年玉」に雪、泣声、地震、関寺小町、（高浜の）高を配合した句を例示している。二つを結びつけるものは想像力《イマジネーション》である。雪について十一句、泣声と地震について三句、関寺小町について二句、高について五句を作っている。たとえば、「年玉のほのかに暗し雪の窓」「泣声を聞きつゝ入るやお年玉」「年玉にゆるく地震《ないふ》る小家かな」などの句をあげている。この配合法によって、ある言葉（お年玉）に拘泥していたのでは思いもつかない趣向が得られることを示している。配合法は、創造的思考における拡散的思考を用いた方法であり、句中の言葉を遠隔連合《リモート・アソシエーション》により他の言葉と結合させることで、今までになかった新たな関係を発見することになる。

虚子は、この方法が感動や感銘を伴わず知的な働きによる句作ゆえ、誤った句作法であるとしてはならないと言う。「二個のものを置いてその間に意味を見出すということは結局その両者をよく了解するということになる」と言い、何をどのように配合するかはその人の人格の現れであって、感動や感銘による句作と配合法による句作の違いはないとする。違いがあるとすれば、句作の言葉（題材）の選択の順序（後先）であり、配合法による句作は言葉（題材）を強いられ、次に感動や感銘が生じる。感動や感銘を生じさせることについては、両者の間に大きな隔たりはない。ただし、配合法は、陳腐さや平凡さを避けることができても、深く感動するような句ができ難いということも指摘している。

第二の方法は、「じっと眺め入ること」（目で見る）と「じっと案じ入ること」（考える）の二つに分けられ、「じっと眺め入ること」は「じっと案じ入ること」に移行するとしている。「じっと眺め入る」は、科学的研究の方法と似ており、対象（もの）をよく観察して、観察する自分と対象との間に「いかなる神霊の交通があるか、自然――神――はいかなる不思議を我等にみせてくれるか」と、精神を集中して対象をじっと眺め入ることであると言い、この「じっと眺め入ること」によって新しい句を得ようとする努力を「写生」と言っている。「じっとものに眺め入ること」による句作の例として、自作の句「一つ根に離れて浮く葉や春の水」をあげている。春先、鎌倉神社の横手の幅二間ばかりの溝のところに立ち止まって、その溝の中をぼんやりと眺めていたとき、一枚の浮草の葉が遠く離れた根から出ている数本の茎のひとつに繋がっていることに気がつき、そのときの感動を表現した句であるという。

次に、「じっと案じ入ること」について、虚子は「一心にものに案じ入ること」であると言い、去来の句「湖の水まさりけり五月雨」をあげている。この句は広大な琵琶湖の水が降り続く雨のため増していたという事実をありのままに詠んだものではなく、去来が心の中で考えに考え「じっと案じ入った心」の跡が力強く印象的に詠われているとする。降り続く五月雨に案じ入り、そう思って見るともう湖水の水が一尺も二尺も膨れ上がっているように感じられる心持ちを表現した句で、「去来の心が湖水のごとく広大に、また五月雨のごとく荘重に引き締められている」と虚子は言っている。

この第二の方法は、心（注意）を集中して観察した結果新しい事実に気づいて驚き、次に「自然（神）はいかなる不思議をみせてくれるか」と新しい事実の意味を問うことである。これが、「じっと眺め入る」「じっと案じ入る」という俳句における収束（集中）的思考の方法である。ただし、科学的思考においては事象間の関係を問うが、その意味は問わない。意味を問うのは文学であり哲学である。

第三の方法である埋字は、ある日子規が虚子に「鍋《なべ》提げて…」という五文字に十二文字を付けるように言われたことに始まる（この句は「鍋提げて淀《よど》の小僧を雪の人」蘭更《らんこう》）。この方法は、古句の意味、その句作上の苦心の跡を探り、自分の句作に応用するための方法であるとしている。埋字の方法について、虚子は、「借用し来るところの五文字が、その作者の思想を暗やみから明るみに引き出してくる動機になればいいのであります。いま少し詳しくいえば、そこに外物の刺激を受けない限りは、重く下に沈んでいて、ほとんど死んでしまっていて、無に等しいところの思想が、その借用した五文字の刺激によって、そろそろと微動を試み始め、ついには溌剌《はつらつ》として生動し来るのであります」と言っている。

「生きて世に…」の埋字では、この五文字をどのように解釈するかが問題であり、この言葉は過去の実際に出会った死を背景にしてはじめて十分な意味を表すことのできる言葉で、原句は「生きて世に人の年忌や初茄子（几董《きとう》）」である。この句は、大病をしてほとんど死ぬところであったが、幸いに全快して生き永らえ、他の人の年忌に出ることになった。家の畑の初茄子をとって霊前に供えようという意味である。虚子は、一度死に臨んだ自分に（生きて世に）すでに亡くなった人の年忌を持ってきたところに「格別に深い感情を動かす」と言っている。

＊

俳句の推敲過程は、句作する人の心的過程を反映したものとみることができる。それゆえ、虚子の上げている推敲法は、心理療法においてクライエントの認知的特徴を知るための、そして認知的変容を導くための方法（技法）として用いることができる。

このような俳句の推敲法を心理療法や心理診断に用いようとするならば、第一の配合法では連想の特徴が問題にされる。具体的には、連想の方向、ステレオタイプ、感覚の豊かさと貧しさ、イメージの斬新さと陳腐さ、了解の困難さなどが指標となる。たとえば、統合失調症患者の「貯道の火の煙高し小動子」（飯森真喜雄 1990 より引用）という句は、意味不明で了解の困難さが問題とされる。

第二の「じっと眺め入る」「じっと案じ入る」という方法（観察・想起）では、何に注意を向け関心を持ち、何を想起したかが問題とされる。たとえば、去来の「尾頭の心もとなき海鼠《なまこ》かな」は海鼠の奇妙な形に感じ入る興味・関心を、虚子の「生涯に二度ある悔いや秋の風」は秋風の趣に案じ入って想起された後悔が問題とされる。

第三の埋字の方法では、日常の生活の中で見過ごしていたものに気づかせ、意識化させることが問題になる。「生きて世に…」の埋字では、「生きて世に」という言葉によって過去の・無意識の世界にあった悔恨の感情が意識化されることを示している。心理療法では、意識されることのなかったものが埋め字の方法により意識化され、その結果認知的変容が生じ、行動の変化が期待されるような場合に埋字の方法が用いられる。埋字は、心理学における投影法人格検査である文章完成テスト（ＳＣＴ）[9]に類似しており、埋字により作られた俳句には、その人の内面が無意識のうちに投影されていると考えられる。

これまで考察してきたように、虚子の言う俳句の推敲法は、心理療法においてクライエントの認知的変容を生じさせる方法（技法）として用いることができることを示している。

2　俳句療法

(1)　俳句療法とは

俳句の心理的治療効果については、すでに一九七五年にアメリカのローゼンタール（Rosenthal, V.）により指摘されていたが、実際に治療に用いられるようになったのは飯森真喜雄（1978）による統合失調症患者への適用からである（論文「精神分裂病と詩歌——第1報・俳句を用いた慢性分裂病患者に対する治療的接近の試み」）。それゆえ、俳句療法に関しては、飯森のこれまでの業績に負うところが大きい[10]。飯森が俳句を治療に用いようとしたきっかけは、精神的疾患で入院中の患者に俳句を作る人たちがいたことであり、印象としては統合失調症患者の一割くらいが、病室の片隅で俳句を作っていたのではないかと言っている。

飯森は、陽性症状の目立たない慢性期と急性期を過ぎた統合失調症[11]の患者に俳句療法を行った経験から、俳句療法の目的を九項目あげているが、次のような四つにまとめ直すことができる。①患者にとり安全で安心できる言語表現、②俳句を媒体とした他者との共感の体験、③外的世界への関心を強化し、外界との生きた触れ合いの回復、④患者―治療者関係の形成である。これらの目的は、詩を用いた詩歌療法の目的、たとえばヘニンガーの所説とほとんど同じと言ってよい（第三章の「2　ヘニンガーの詩歌療法」を参照）。次に、飯森の所説に基づきながら、俳句療法の特徴をより詳しく考察することにしたい。

第一に、俳句は、一定の形式に従い、少ない言葉で作ることができ、模倣することも簡単であり、切字と季語の使用は句作者の心理的風景の描写を容易にしている。それゆえ、飯森は、俳句を用いることで簡単に自己を表現することができるとする。簡単か否かは「自己」の意味により異なり、また短い詩型ゆえに、逆に自己を表現することが難しいとも言えるが、詩（現代詩）よりも俳句を作ることは容易であることは確かである。

統合失調症の患者は、飯森の言うように言語的表出に乏しく、自己を表現することに不安を感じ、防衛的であり、強い抵抗を示す。しかしながら、俳句の形式に従って自己の心的状態を表現する場合には、短詩型であることが情動的表現を抑制し、情緒的混乱に陥る危険性を回避し、患者は安心して自己を表現することができるという指摘は重要である。この指摘は、俳句療法がどんな症状に効果的なのかを示唆している。

第二に、飯森は、俳句という形式に従う限り、何をどのように表現しようとも自由であり、俳句であれば、その言語的表現は他の人々により共有されるものになると言っている。では、なぜ俳句は他の人々により共有されるのであろうか。

飯森によれば、一般に詩作がそうであるように、句作は「想像上の聴き手」に向かっての語りかけであり、他者とのコミュニケーション欲求の現れだからである。「想像上の聴き手」が、コミュニケーションの相手であるか否かは検討を要する問題であるが、コミュニケーションが情報の送り手と受け手からなる会話であるとするならば、本章の「俳句の心理的過程」で引用した芭蕉の「此秋はなんで年よる雲に鳥」は自分への問いかけであり、「塚も動けわが泣く声は秋の風」は小杉一笑への追悼句で、いずれも語りかける相手との間でコミュニケーション欲求を充たすことができない。俳句を媒体とした他者との共感の体験は、自分の俳句を共に読み鑑賞してくれる人、自分の感情を実感として共有してくれる共感的傾聴者を必要とする。俳句は短詩型ゆえに、俳句を読む者はさまざまに連想することを求められ、その結果、詠む者（作者）と読む者（鑑賞者）との間にコミュニケーションが生じると考えられる。俳句の形式そのものに、他者を容易に共感的傾聴者にする働きがあるとされる。それゆえ、共感的傾聴者は、自閉的な統合失調症患者のコミュニケーション機能の回復に重要な役割を果たすと考えられる。

俳句療法の症例研究のすべてが、臨床場面で治療者は患者に共感的な語りかけを行っている。たとえば、次のような共感の言葉が使用されている。共感的感嘆文と言われる「ほう」「ああ」「そう」などの驚きや悲しみを表す短い感情的な言葉、「すばらしい」「それは大変」などの共感的形容詞、そして「こういうことなの」など話す人の感情を言葉に置き換える共感的言語化である。共感的感嘆文は最も簡潔な共感の言語化である。このような言葉を用いる共感的傾聴者がいることによって、俳句によるコミュニケーションが可能になる。

第三に、飯森は、統合失調症患者の場合、「内面の直接的な表出には危険が伴うのに対して、外的世界にある事物を写生的に表現する方が安全」であるゆえ、俳句のような表現形式をとるのが適しているとする。そして、句作は、外的世界への気づき（認知）を媒介として行われるため、句作を繰り返すことは外的世界への感受性を高めることになる。その結果、言葉は、感性豊かになり、情緒的色彩を帯び、「生きた言葉」となって外界との生きた触れ合いを蘇らせることになるという。句作や俳句の鑑賞は、生命感の乏しくなっている患者の感受性の訓練に役立つと考えられる。

第四に、飯森は、あたかも「世界から身を引いた」状態にある自閉的な統合失調症患者が、句作を繰り返すことによって病的な思考や妄想のメカニズム、自閉性を強め、病気を悪化させる危険性のあることも指摘している。そこで、俳句療法においては、患者の俳句を治療者と共に推敲する治療的推敲が必要であり、この治療的推敲は患者―治療者関係の形成にも役立つとしている。

俳句は、句作者の心的状態を反映したものであり、表現することにより曖昧であったものが明確になり、意識されなかったものが自覚されるようになる。その結果、句作者の認知的変容と感情のカタルシスという詩による詩歌療法と同じような効果の生じることが認められる。俳句療法を治療法として用いるためには、表現された俳句を手掛かりとして治療へ結びつける方法が必要であるが、そのための方法のひとつが治療的推敲である。

（2）治療的推敲

俳句における推敲とは、森澄雄（2009）によれば句を最も適切な表現に直し、「感動した情景を、読者にも目に見えるように、焦点をしぼって明確にしていく」ことである。そのためには、「私意やはからいを捨てて、最初の純一な感動を手掛かりとして、作品を純化し、一句の声調をその時の心のいろに近づけていく作業」であるという。推敲の要点として、①詠おうとした対象、その核心がはっきり描けているか、②一句の声調がその時の感動、心のいろにふさわしいか、③他に類想の句がないか、の三つを上げている。

俳句を心理療法に用いる場合、推敲は俳句の推敲であると同時に治療のための方法でなければならない。では、心理療法としての俳句の推敲は、どのように行えばよいのであろうか。飯森（1990）によれば、統合失調症患者の場合、詩型が短く、外界を描写する俳句を作るだけでは自己治癒力を強化することができないため、患者の俳句を治療者と一緒になって推敲する必要があるという。

具体的には、飯森は、次のように行うのがよいとしている。患者の俳句を患者と治療者が互いに声に出して読み、互いに聴き、句作したときの情景や気持ちについて話し合うことから始める。次のような会話の例をあげている。「ふ〜ん、すると、これは○○さんらしい句ですね」。話題に詰まり、平板なままで終わるようであれば、「季語を○○に変えたらどんな感じになるかな?」「上の句を変えてみたらどうなるかな?」「そんな情景や気持ちだとこの言葉は少し重いね。もうちょっと軽そうな言葉にしてみようか」な

ど と語りかける。
　患者は傷つき易く敏感なので、慎重にさりげなく、内面に直接触れずに、あくまで俳句を主題にして進める。患者にとってギリギリの表現だなと感じたら、「○○さんらしい句になりましたね」と言ってやめる。患者が、「先生やっておいてください」「批評してください」と言うとき、患者が治療者を試している場合があり、治療者による推敲が患者—治療者関係を深める場合もあれば、逆に壊してしまう場合もあるので注意が必要であると言っている
　では、俳句の何処を推敲の対象にしたらよいのであろうか。飯森は、①俳句の中の一つの言葉、②俳句全体の意味、③俳句全体から感じられるイメージ、④俳句の背後にある精神的世界の四つをあげている。推敲が、患者と治療者の共同作業により前句を修正しながら、患者のものの見方や考え方を変え、感情を表出させることにあるならば、患者に認知的変容と感情のカタルシスを自発的に生じさせることを意図して行うことになる。そのために、俳句の中の言葉に注目し、俳句の意味とイメージ形成の過程を問い（「この句はどんなことを意味していますか」「この句を作るとき、どんな情景を思い浮かべましたか」など）、そして認知的な歪みの有無を調べる（「なぜそのように考えましたか」）。このようにして得られたデータを基に症状を生じさせている原因を推測し、治療の方針が決められ、診断から治療へと進められる。
　俳句療法は俳句という詩歌を用いた心理療法であるが、ヘニンガー（Heninger, 1981）の言うように、詩歌療法はある特定の理論に基づいた心理療法ではなく、他の心理療法を行うとき洞察と感情の解放を効果的に行うための補助的方法である。また、マッツア（Mazza, 2003）は、詩歌療法は固有の基礎理論を持たないとしており、ブリーフ・セラピーの補助的方法として用いている（第四章の「2　詩歌療法の適用例」

と「3　詩歌療法の技法」を参照)。それゆえ、俳句療法は、たとえば精神分析理論、認知理論、さまざまな理論の折衷理論(たとえば、ブリーフ・セラピー)など、いずれかの理論を治療のための基礎理論としなければならない。

認知療法あるいは認知行動療法と呼ばれている心理療法は、認知が症状を媒介すると考え、認知を変化させることを治療の目的としている。ベック(Beck, A. T., 1976)の認知療法とエリスとハーパー(Ellis, A. & Harper, A., 1975)の論理情動療法が代表的な理論である。ベックは、症状の背後に認知の歪みがあると考え、患者の出来事の解釈や認知に直接働きかけ、自動思考と呼ばれる歪んだ思考(認知)を積極的に修正し除去しようとする。たとえば、「そのように考える根拠はありますか」「何か他の見方はありませんか」「最悪の結果が起こるとしたら、どんなことですか」「そのような考えに対して、どんなことをすればよいですか」などと問いかける。患者に症状の背後にある認知の歪みを自覚させ、無意識に始動させていた歪んだ認知を意識的に統制(コントロール)するように働きかける。認知療法が認知の歪みを直接、積極的に修正あるいは除去しようとするのに対して、俳句療法は俳句の推敲という間接的な方法で認知的変容を導くことに特徴がある。

虚子が『俳句の作りやう』の中であげている三つの推敲方法は、句作者に自発的な認知的変容を導くための方法とみることができる(本章の「1　俳句の心理的過程」(2)を参照)。第一の「配合」法は、二つの言葉の間に新しい結び付きを見出し句を作る方法であるが、この方法は句中の言葉を他の言葉に置き換えることで新たな俳句を作ることにも用いることができる。この言葉の置き換え法により、句中の言葉をひとつ変えることで、俳句の意味もイメージも変わり、これまで縛られていたものから解放される手掛かりが与えられる。患者はいままで気づかなかったことに気づき、ものの見方や考え方（認知）を変化させる。置き換える言葉をどのように選ぶかは、治療過程の各段階で異なるが、俳句の中のネガティブな言葉を徐々にポジティブな言葉に、意識されていないものを意識化するような言葉に置き換えていく。具体的には、「この言葉をこんな言葉に換えてみたらどうだろうか」と問いかけることである。ただし、患者が全く無関係と思うような言葉は、効果がないばかりか、患者を混乱させるおそれがあり、急激な変化はほとんどの場合望ましくない。

第二の「じっと眺め案じ入る」には二つの方法があり、ひとつは句中の対象をよく観察し、今まで気づかなかったものに気づくようにする方法であり、もうひとつは句中の対象をイメージし、さらに広げる方法である。この二つの方法は、共に俳句や句中の対象を視点を変えて観察し想起・想像することで、ものの見方や考え方、歪んだ思考（認知）に気づかせるために用いることができる。具体的には、「句の中のその言葉には他の言い方がありませんか」「その言葉からどんなことが想像されますか」「この句からどんなイメージが思い浮かびますか」「この句のイメージを他の人に伝えるために、何か工夫がありませんか」などと問いかけることである。

第三の「埋字」法は、俳句の五・七・五の上五文字、中七文字あるいは上下五文字を示して、空白の部分を埋めて俳句を完成させる方法である。虚子は、上五文字を示す「生きて世に…」と上下五文字を示す「大蟻の…暑さかな」を例にして埋字法を説明している。この方法を日常の生活の中で意識されていないものを意識化する方法として用いようとするとき、「生きて世に…」の形式は下十二文字の制限が緩やかなため心的内容をより自由に投影することができる。それに対して、「大蟻の…暑さかな」の形式は、投影される心的内容がかなり制限されるゆえに難しいが、目的を明確にして用いるならば治療に有効な手掛かりが得られる。たとえば、「氷雨《ひさめ》降る…」と「氷雨《ひさめ》降る…赤い花」を比較するとき、空白を埋める言葉の難しさは明らかに異なる。治療過程の初期の段階では上五文字を示して下十二文字を埋める形式が、治療段階が進んできたら上下五文字を示して中七文字を埋める形式がよいと考えられる。

「埋字」法を心理療法として用いようとするならば、現代詩による詩歌療法において適切な詩が選ばれ用いられているように、俳句についても適切な俳句を選んでおく必要がある。この点については全く検討されていない。

第四は、「題詠」あるいは「席題」と呼ばれる方法である。題詠と兼題（兼日題の略）は、ほとんど同じ意味で、予定されている句会で詠む俳句の題、またはその題で詠まれた俳句を意味し、席題は句会の席で出される俳句の題である。ここでは、与えられた題による句作を題詠と呼ぶことにしたい。題詠による句作は、治療者がそれまでの俳句とは異なる題《テーマ》あるいは詠む対象を新しく示すことで、未知の事柄に気づかせ、認知的世界を拡大するという意味で広義の治療的推敲に含めることができる。患者の俳句のテーマに片寄りが認められ、同じテーマが繰り返されるような場合に、題詠による句作はそれまでの心理的束縛から解放するための有効な方法と考えられる。

題詠を俳句療法のどの段階で用いるかについては、少なくとも初期においては困難であり、ある程度俳句療法が進まないと難しいと考えられる。また題詠のテーマ（題）は、患者の心的状態や症状によって選ぶ必要があるが、認知的世界を変容させる手掛かりとなり、できるだけポジティブな感情の表出を促すようなテーマにすることが望ましい。この方法も投影法的な方法と言うことができる。ここで取り上げた俳句の推敲法は、詩歌療法の詩を書く技法と多くの点で類似しており、互いに利用可能である（第四章の「3 詩歌療法の技法」を参照）。

（3）俳句療法の主な研究報告

俳句療法には、個人療法と複数の人を対象に句会形式で行われる集団療法の二つがあるが、集団療法の研究報告はきわめて少ない。これまでの研究報告の内、症例の病歴、俳句療法の方法、実施期間、回数、効果などがかなり詳しく記述されている症例報告について、その概要を紹介したい。

①統合失調症

飯森真喜雄（1990）の症例報告は、飯森による俳句療法の最初の報告「精神分裂病と詩歌——第1報・俳句を用いた慢性精神分裂病患者に対する精神療法的接近の試み」（1978）の詳細な報告である。

症例は、二十七歳のとき入水自殺を図り、著しい精神運動性興奮、強い幻聴、被害妄想、追跡妄想、作為体験、滅裂言語などの異常が認められたため精神病院に入院、約五ヶ月後に退院するが、その四ヶ月後に再入院し、以来入院が約二十年にも及んだ男性患者である。再入院後は徐々に引きこもりの状態になり、統合失調症のいわゆる「荒廃状態」のまま十数年が過ぎる。ある日、この患者が俳句を作っていることを看護師長から知らされる。その句は一読して素晴らしく豊かで鮮烈な印象の句であった。「どこの精神病院にもいるような」薄汚れ精彩のない、人を寄せ付けない硬い風貌の患者からは想像もつかなかった。どこからあのような素晴らしい俳句が生まれのか、という素朴な疑問から患者に関わっていったという。

看護師長の紹介で、毎週俳句を見せてもらうことになった。それから二人だけの「句会」が始まり、患者の句を互いに声を出して読んだ。回を重ねても、句に関することしか話題にせず、感心や感嘆、簡単な感想、「Mさんらしい句ですね」と言っても、作品の分析や解釈はしなかった。患者と治療者の間に、次第に俳句を媒介とした共感的な人間関係が形成されるようになった。入院十数年目にして初めて、これまで一切語ることのなかった生活歴や家族について語り始める。俳句療法では、季語や言葉の治療的推敲を試みるが、推敲は傷つき易い心を刺激し、状態を悪化させることもあった。「個人的な」句会を始めて約半年後に、病院内の「集団的な」句会が開かれることになり、その運営責任者になった。しかし、その半年後に十年ぶりの増悪状態になり、句作は中断される。その二ヶ月後、陽性状態の退潮と共に句作が再び開始された。

安定・回復期に入ると、再び句会の責任者になり、やがて社会復帰を望むようになる。院内作業から院外作業へ、生活資金を蓄えるために懸命に仕事に励むようになる。同時に、句作への情熱は薄らぎ、俳句は急速に平凡で単純な日常雑記的なものとなった。三年余りの俳句療法の後、統合失調症の症状から抜け出すと共に俳句からも去って行った。最初の入院から約二十年目にして退院する。社会復帰して約七年が経過した。俳句は、暇をみては気晴らしに作っているという。

梶原和歌（1986）は、慢性期の統合失調症の患者に集団俳句療法を行っている。方法は、自由参加の句会形式で、句会の一週間前に入院患者に何でもいいから俳句を作り持参するように伝える。毎回、一〇人くらいが俳句を数句紙に書いてくる。それらをまとめて掲示し、参加者はその中から良いと思う五句を選び、句の上に自分の名前を記す。全員が選び終わったら、司会者が順番に俳句を声を出して読み、次に「なぜその句を選んだのか」、選んだ人にその理由を尋ねる。最後に、作者が説明する。看護師も句会の一員として参加する。句会は、毎週一回で約七ヶ月間に二九回行われた。一回の時間は一時間から一時間半である。

活発な幻聴、独語がみられ、長い病歴のある女性患者（五十四歳）は、「五月波潮騒やさしい龍馬像」「霜月の雷鳴の夜寝つかれず」などの句を作り、職員の「悔いもちつ師走の街を歩みけり」について後悔に似た気持ちを持って師走の街を歩いている様子がよく出ています、と感想を言う。この患者は、俳句を作ることで「私はこのようにしたい」という気持ちが言語化され、俳句を媒介にして対人関係が以前より豊かになったという。

戦時中、少年飛行兵だった精神運動興奮を示す男性患者（五十九歳）は、自分の気持ちを「夏雲に南の戦場思い出し」に表現し、他の人の俳句「散る紅葉谷また川を下りけり」に、紅葉を人間に喩え、風に吹かれて落ちて、また川に流されて、さまざまな人生だったと思って、この句を選んだと言う。この男性は、句会に毎回出席し、七ヶ月後には病状が安定し、攻撃性もみられなくなった。

梶原は、この他に五例について簡単に報告しており、多くが自分の句にも他の人の句の感想にも病的な特徴は認められなかったという。この結果は、ミュラー・タルハイム（2000）の報告と一致している（本章の「3　ハイク療法」（4）を参照）。句会形式で行われる集団俳句療法は、俳句を作り、互いに感想を述べ合うことにより、感情のカタルシスを生じさせ、体験や感情を他の人と分かち合うことで共感し、自閉的な統合失調症の患者に他の人とのつながりとコミュニケーションを回復させると考えられる。

②心身症

心身症患者については、山中康裕（1990）と田村宏（2002）により次のような症例が報告されている。[12]

山中の症例は、三十歳のとき鉱山で事故に遭い、その八年後からめまい、左半身のしびれ、頭痛、腰痛などの後遺症を訴え続けた六〇歳の男性患者である。外来受診から二ヶ月ほど経った頃、俳句を作るのが好きだという本人の話から俳句療法が始められた。一週間毎の外来受診時に俳句を持参し、俳句を話題にして治療者と会話が交わされた。二回目以降、毎回ではないが短歌も作ってくるようになる。句作の一時中断もあったが、十八回目まで具体的に記述されている。俳句療法は数年にわたって続けられ、症状の背後にある「情動」解放と症状の「意味」に耳を傾け、患者が自分の力で自分を支えていくための「自尊心」の回復を図った。俳句療法は、それが可能であることを報告している。

田村が報告している二症例は、いずれもアレキシサイミア（失感情言語症[13]）の特徴を示した。身体的異常が認められないにもかかわらず、心身の些細な不調を病的な症状と訴える心気症の症例である。薬物療法は継続して行われている。

症例一は、動悸、微熱、抑うつ、心気症を主症状とする七十二歳の女性で、俳句療法が一年四ヶ月間繰り返され、その結果初期の俳句の「病」「愁い」「別れ」などの言葉がみられなくなり、次第に外界を描写する句が多くなり、最後の俳句には「しあわせ」の言葉さえみられるようになった。

症例二は、不整脈、頭痛、足のしびれ、不眠、心気症を主症状とする六十二歳の女性で、およそ一年間に俳句療法と連句療法が二十四回行われた。俳句療法の五回目の頃から心気的訴えが減少しはじめ、十一回目頃から連句療法に移る（第七章の「2　連句療法の適用」（1）を参照）。

俳句療法により患者の症状の訴えは減少したが、その理由を田村は次のように説明している。俳句という詩型の短かさゆえに、季語を中心として言葉の意味が広がり、表現も隠喩《メタファー》により多様になり、患者の症状や苦痛なども自然や日常生活の情景の一部として表現される。そのため、句作は、病気を客体化（客観化）することになり、病気を中心とした世界観を現実に則した世界観へ転換させる契機となるとしている。さらに、俳句を媒体とした患者と治療者のコミュニケーションの効果も指摘している。

これら三例の症例は、いずれも句作が徐々に患者の認知構造を変化させ、感情のカタルシスを生じさせていることを示している。

③うつ病

田村宏（1999）は、職場での過労、父の看病、義父の一周忌が重なり、うつ病を発症した四十八歳の女性に俳句療法を用いた症例を報告している。一時期回復し職場に復帰するが、その後職場の問題などで再びうつ状態になり入院する。父の脳溢血の治療が遅れ、死亡したのは自分の所為と自責の念に駆られる。そこで、父を追悼する俳句を詠むことを勧める。患者の作った句「死骸やおだやかな顔して眠りたい」を一緒に推敲して、「亡骸やおだやかな顔して露の朝」とする。この句を追悼句として父の霊前に供えるため外泊する。帰院したとき、入院後初めて活気のある笑顔をみせる。その後、抗うつ剤を漸減し退院する。追悼句を作ることで、父の死をめぐる葛藤が解消したと考えられるとしている。

*

飯森（1990）は、統合失調症患者の症例から、俳句療法により患者の俳句に次のような変化のみられることを指摘している。①統合失調症という病態が俳句を求めていたとしか思えないようなケースでは、病状が軽快し現実世界に復帰すると共に、俳句は秀句から平凡な句へと変化し、自然に句作をやめてしまう。②俳句に自己の内面が過度に露わになり、あるいは治療者に必要以上に自己の内面に触れられることを恐れる場合、俳句は単純平凡で紋切り型や意味不明なものになり、句作を止めてしまう。③治療的推敲によってコミュニケーションが回復するにしたがって、患者は俳句から短歌や散文詩へ移って行くようになる。④隠れていた統合失調症が顕在化してくると、俳句は崩れて、次第に意味不明のものとなり、支離滅裂なものになる。⑤安定した状態にあった患者が次々と秀句を生み出す場合は、ほとんどの場合急性増悪状態の始まりを意味する（大森健一「病跡学からみた俳句創造と俳句療法」1990参照）。

俳句療法がいつも症状の改善につながるとは言えず、俳句の作風が変化したときには注意する必要があるとしている。季節感あふれる句を詠んだからといって、必ずしも良い状態にあるとは限らない。むしろ、他の人の作品をいかに鑑賞しているかが、病状の判断には参考になり、豊かな鑑賞は例外なく健全で安定した状態を反映するとしている。

俳句療法は、俳句という詩型の優れた特性を生かした心理療法であり、句作により認知的変容を導き、感情のカタルシスを生じさせることで症状を軽快させ除去しようとする方法である。この方法は、これまで統合失調症、うつ病、心身症などの精神的疾患を持つ人々に適用され、症例研究の結果は言語的コミュニケーションになんらかの障害を持つ人たちにとって有効な方法であることを明らかにしてきた。句会形式で行われる集団俳句療法では、俳句の感想を言い、聞く人たちはいつも身近にいる人たちであり、自閉的な患者にとり他の人とのコミュニケーションを回復させる大きな要因となり得た。

これまで俳句療法と他の心理療法、特に認知療法との関係について検討されることはなかった。認知療法は主として「認知の歪み」の修正による心理療法であるが、俳句療法には認知的変容と共に感情のカタルシス、俳句という詩型がもつ共感的傾聴など認知療法にはない特徴もある。俳句療法と認知療法との違いは、俳句の連句療法においてより明確にみられるようになる（第七章「連句療法」を参照）。

3　ハイク療法

（1）ハイクについて

ハイク（Haiku）は、日本の伝統的な詩型である俳句を欧米諸国の言語を用いて、俳句の特徴をできる限り生かしながら詩作する短詩型を言っている。では、外国語によるハイクと日本語の俳句では、どのような違いがあるのだろうか。

寺田寅彦（1961）は、フランスの詩人で劇作家のジュール・ロマン（Jule Romains, 1885-1972）[14]の次のような意味の指摘を紹介している。「俳句の価値はすべての固定形の詩の場合と同じように詩形の固定していること、形式を規定する制約の厳密なことに存している。…フランスのハイカイはなるほど三つの詩句でできているというだけは日本のに習っているが、一句の長さにはなんの制限もないし、三句の終わりの語呂の関係にも頓着しない。それでは言わば多少気のきいたノート・ド・カルネー（手帳の覚え書き）ぐらいにはなるかも知れないが、しかし日本俳句の力強さも、振動性も拡張性もない」[15]。寅彦自身も、実際、短い詩に定型がなかったら「手帳の覚え書き」との区別は難しいと言う。「古池に蛙が飛び込んで水音がした」が散文で、「古池や蛙飛び込む水の音」がなぜ詩なのかと問い、それは無定形と定形の相違であるとしている。

それでは、俳句とハイクは全く別のものなのであろうか。俳句療法とハイク療法は全く異なる心理療法なのであろうか。この問いに答えるためには、俳句とハイクの間にある違いを明確にしておく必要がある。

大岡信（1994）は、一九九二年の日本文体論学会の特別基調講演「ハイクと俳句」において、文体論の観点から、ハイクは三行で書かれ[16]、俳句は一行で書かれることに大きな違いがあると言い、その違いを生じさせているのは、日本語と外国語の音節の違いと切れ字であるとしている。日本語は一文字一音節であるが、外国語の一音節は多くの場合一語で、それゆえ外国語の十七音節は語数が多く、情報量が日本語よりはるかに多くなり、ハイクと俳句の間に違いを生じさせる。そこで、ハイクを俳句に近づけるために、二・三・二の強音節から成る三行詩をハイクとするような主張もされるようになる[17]。切れ字は、日本語に特有で外国語にはないため、切れ字の役割を三行詩として形式に求めるか、全く無視することになるとしている。

一九九九年の「松山宣言」[18]では、ハイクについても言及し、俳句が世界に広がるとき、俳句を短詩型とみなし、五・七・五の定型と季語については「それぞれの言語にふさわしい手法」をとることが適当であり、「短詩型」と「俳句性」を世界的な共通認識とすべきであるとしている。定型と季語による俳句性は、「世界的な文脈の中でそれぞれの言語においてその本質を把握すべき問題」であり、「俳句的な精神を有する世界のあらゆる詩型」を俳句と認めようとした。俳句が言葉を十七音まで切り詰め、切れ字を用いることで、一切の事象をこの短い詩の中で表現しようとするが、どの言語においても詩的表現として切り詰め凝縮（圧縮）し得る部分があり、俳句性は他の言語の詩的空間を広げるのに貢献できるとしている。二〇〇〇年には、「松山メッセージ２０００」（松山宣言追補）が出され、その最初に「俳句の命は極端な短さによる凝縮と省略、余白の暗示性にある。生きて体験した一瞬の現実を、論理的な思考の介入を経ず直接、具体的に表出することにある」というボヌフォア（Bonnefoy, Y., 2000）の講演の言葉を宣言に引用している。[19]

俳句療法とハイク療法の共通の基礎は、「松山メッセージ２０００」の「（詩型の）極端な短さによる凝縮と省略、余白の暗示性」と「体験した一瞬の現実を、論理的な思考の介入を経ず直接、具体的に表出する」ことを心理療法として用いることにある。それゆえ、それぞれの療法によって得られた知見は、相互に用いることが可能になる。

（2）アメリカにおける一九七〇年代までのハイク

一九七五年に「十七音節――心理療法としてのハイク」を書いたローゼンタールは、すでに十五年前からハイクを作っていたと言っているが、彼の他の論文は一九八三年と一九八六年に、そして一九八七年の『詩歌療法雑誌』の創刊号の[20]「ハイク――創造の過程」であり、アメリカにおける心理療法としてのハイクに関する研究は一九八〇年代に始まると考えられる。ローゼンタールのハイク療法に関する最初の論文が書かれた一九七五年頃までのアメリカにおいて、日本の伝統的な詩型である俳句がどのように紹介され、理解されていたか知ることは、ハイク療法を考える上で重要である。

星野愼一（1995）によれば、ヘンダーソン（Henderson, H.）の『ハイク入門』（1958）と『英語のハイク』（1967）の二冊は、アメリカにおけるハイクの普及に大きな役割を果たした。それまでのハイクに関する本が学問的であったのに対して、この二冊はハイクの作り方を分かり易く説明しており、ヘンダーソン夫人の『追想記』によれば、版を重ね約二〇万部を売り尽くしたと言われる。[21]

上田真（1994）は、アメリカにおけるハイクは一九六〇年代になって広く知られるようになり、俳句の作り方についてもハケット（Hackett, J. W.）が『ハイク詩集』（1964）の巻末にハイク作法二〇ケ条を書いており、その第八条「三行十七音節で書くように努力せよ」、第十一条「出来たら季を表現せよ。それは句の世界を広げる」の二つを指摘している。一九六八年に設立されたアメリカ・ハイク協会は、ハイクを「（1）日本語による無韻の詩で、自然と人間性が触れ合った瞬間のエッセンスを鋭く観察したもの。ふつう十七の字音からなる。（2）外国語による（1）の模倣。ふつう三行五・七・五の音節で書かれる」と定義した。

アメリカにおいて、有季定型のハイクは、上田によれば一九六〇年代以降衰退傾向を示し、ハイクは「一行から三行で書かれ、定まった音節数がない。十七音節以上になることは希である。ときには、三行五・七・五音節で書かれることもある」（Heuvel, C., 1986）という主張もみられるようになり、定型は例外的なものになっていった。定型が崩れるようになったのは、日本語と英語の音節に大きな違いがあり、日本語の十七音は英語の十七シラブル（音節）にはなり得ないし、英語の発音は長く、意味についても情報量が多くなるという理由が指摘されている。また、北米大陸では地域により気候の違いが大きく、季語が同じ季節感を意味し難いため、季語が重視されなくなったとしている。

定型と季語によらないハイクは、自由律俳句の主張に繋がるが、上田はハイク詩人スイード（Swede, G., 1983）の、①読んで一息以下の長さで、②感覚に基づく映像《イメージ》の併置があり、③畏怖や不思議の感じを作りだす、という自由律ハイクの主張を紹介している。一九八七年から一九八八年にかけて、北米ハイク・コンテスト（日本航空主催[22]）が行われ、そのとき約四万句の応募があり、ローゼンタールが詩歌療法の詩型としてハイクに注目するようになっていった背景が理解される。

（3）ハイク療法

ハイクによる心理療法の最も初期の研究者のひとりで、雑誌『ヴォイス・心理療法のアートとサイイエンス』の編集者であったローゼンタールは、次に紹介する四編の論文でハイク療法とは何かについて考察している。これらの論文は、同時に長い年月の後にユング派の心理療法家として現実《リアリティ》の世界に戻って行った一人の人間の症例報告として読むことができる。

ローゼンタールは、「十七音節――心理療法としてのハイク」（Rosenthal, 1975）の中で、ハイクは日本の禅の詩型であり、生命のリズムを観察し、季語を必要とする。そして、ハイクにはそれを読む者によって完結するという不確定さがあるとしている。わずかな言葉、控えめな表現、言葉の省略によって感情が表現される。そのイメージはシンプルであり、直喩を避けることで、言外の意味は豊かになると言う。出典は明らかでないが、ハイクには禅の四つの状態であるサビ（sabi 寂び）、ワビ（wabi 侘び）、サトリ（aware 悟り）、ユウゲン（yugen 幽玄）が認められるとする。心理療法において、サビは人が生成変化し、ひとりであることに気づき、しかも身近な存在であることに注目すること、ワビは現在が人の生成変化の過程の一瞬であることを認める謙虚さ、サトリは時間の瞬間的な統一、しかも永遠の覚知、ユウゲンは計り知れない自分への問いであると言う。

ローゼンタールは、ハイクを心理療法として他の人へ用いたことはないが、自分自身が心理療法を必要としたときには、ハイクをいつも心理療法として用いてきたという。句作の過程は心理治療的であり、ハイクが形になったとき、それまで分からなかったことに気づくと言っている。これらの論述に自作のハイクを例示している。

雪舞い雲空を覆う満月かな（大意）

「ハイク――悩むセラピストのためのガイド」（Rosenthal, 1983）では、自分への不満に気づき、悲しみを感じ、悩めるセラピストになった過程を記述している。その悩みは、二〇年以上ハイクを作っているのに、この一年は誕生日や記念日など祝い事のハイクばかりで、人生を見つめ、考え、推敲するハイクがなかったことであった。しかし、前年の日記をめくり満足するようなひとつのハイクを見つけた。

一月六日鳥まだ来ぬ空のえさ台（大意）

人生を見つめ表現することで、次のようなひとつの円環を描くプロセスに気づいたという。自然は私を目覚めさせ、目覚めはアート（ハイク）を創り、ハイクは私の真の姿（リアリティ）を考えさせ、そして自然に引き戻す。このようなプロセスを経て新しい満足するようなハイクが自分の中から溢れ出てきた。

今日の雪小鳥戻るえさ台かな（大意）

「ハイク――創造のプロセス」（Rosenthal, 1987）において、ハイクは心の傾注、推移、悟りの詩であり、何ものにも囚われない心の状態と悟りの間の瞬間の表現であるとする。そのプロセスを次のように記述している。一月中旬の早朝、窓越しに外を眺めていた。しかし私は何も見ていない。突然、寺院の鐘が鳴り響き、私は波打つ音と公園の景色に気づき、眺めていながら見えなかったものの存在を体験する。ハイクは、禅の作法を示しており、ハイク詩人（俳人）に約束事を課している、すなわち、形式、内容、リズム、意図、そして未完結性であると言う。

ハイクは、鑑賞する者にも禅の作法を要求し、すぐれたハイクは直観的に把握される。自作のハイクを例示している。

気がつけば花無き器を前にして（大意）

空の花器は新しい経験への無心さであり、人生において取るべき行為の方向を思い起こさせる。俳人は幻想から目覚め、花器が新たな意識水準をもたらしたことに気づき、人生のまだ充たされていない空間を美で充たそうとする。外に出て、花器に生ける花を摘んできたという。だが、この句は、新しい句ではなく十五年も前の句のひとつであった。ローゼンタールは、句作のプロセスが経験や意図を越えたところから生じるものであることを繰り返し主張している。

ローゼンタールは、二十六年の長い間ハイクの門人であったが、「ハイク・セラピスト――世界内存在としてハイクを書くことをやめる」（Rosenthal, 1991）において、ハイクを書かなくなってから五年になるという。なぜハイクをやめたのであろうか。最初のハイク（1960）を最後のハイク（1986）と比較するならば、この問いの答えを見出すことができる。

最初の句

問い始めた　見よ太陽は何色　その時色あせる（大意）

最後の句

ともに歩く雪降る薄暮のなか何事もなく（大意）

ハイクを始めたとき、ハイクの「窓」を通して宇宙を見ようとハイクの形式、内容、精神を学び実践してきた。芭蕉、蕪村、一茶、子規、山頭火を読み、ハイクについて書かれた本、ケネス・ヤスダ（Yasuda, K., 1957）、ヘンダーソン（Henderson, 1958）、スチワート（Stewart, H., 1960）、ブライス（Blyth, H., 1960, 1969）、ハケット（Hackett, 1969）などを読んできた。[23] そして、ハイクを自分のための心理療法に用いてきた。しかし、他の人にこの心理療法を用いることはなかった。ハイクに出会う以前に信念体系というべきものを持っていなかったというローゼンタールにとって、ハイクは宗教的回心と言ってもよいものであった。ハイクは、現実《リアリティ》を体験し、翻訳し（言い換え）、表現する方法であった。しかし、ある日、突然、セラピストとして他の人に行っている心理療法が、ハイクの創造のプロセスと類似していることに気づいたという。詩はそれを読む者によって完結するように、ハイクもまたそれを読む者によって完結する。心理療法も場を共有する他者との出会いにおいて、私たちは真実に気づくようになるという。[24]

日本への旅は、ローゼンタールにとって魅力と失望の旅であり、日本は禅のある場所ではなかったという。これらの体験を契機として、次第に、確実にハイクから離れていった。ユング派のセラピストとして現実《リアリティ》の世界に戻っていくことになる。そして「次の課題は何か」と問い、あるがままの自然な自分の姿であると答える。ローゼンタールは、治療を必要とする病者ではなかったが、自分の存在の意味と確かさを求めていた悩める者であった。ローゼンタールの長いハイクの旅路を悩める者の症例報告とみるとき、ハイク療法の終わりもまた、詩歌療法を必要としなくなった人と同じように、唐突に現実《リアリティ》の世界に戻って行くことで終わりを告げる。

ローゼンタールのハイク療法についての所説は、自分自身を対象として句作過程が認知的変容をもたらすことを了解心理学的に考察している。しかしながら、治療的推敲のような、認知的変容を生じさせるための積極的な働きかけは示されていない。それゆえ、ハイクが、自分自身にとりセルフ・ヒーリング（癒し）、セルフ・ケアになっても、セラピストとして他の人に心理療法としてハイクを用いることは困難であったのかもしれない。

俳句が禅や能と結びつけられて海外に紹介されてきたこともあり、また俳句が非常に短い詩型ゆえに哲学的な色彩を帯びるため、禅と関係づけて考えられてきた。欧米諸国の研究者の中には、次に取り上げるヒルツネン（Hiltunen, S. M. S., 2003）のように、ハイクを自己変革の修行法の観点から考察している研究者もいる。

フィンランドのヒルツネンは、ハイク療法を瞑想療法のひとつとしている。瞑想《メディテーション》には、座禅など自己の内外で生じている出来事に気づくようになる洞察的瞑想、回峰や断食、荒行などによる実践的瞑想、そしてハイク瞑想法があるという。[25] ハイクによるセルフ・ヒーリングは、このハイク瞑想法により得られ、ハイク瞑想法は次の七つの段階を通じて行われるとしている。

第一段階、もし可能ならば、自然の中に立ち止まりリラックスする。第二段階、現在に身を置く（心を空にして執着心を取り除く）。第三段階、現在を感じる（自分の呼吸に注意を向ける）。第四段階、自分の感覚を感じ、身体をリラックスさせる。第五段階、精神を集中させ、思考をめぐらし、自然に近づく。第六段階、直感、想像、インスピレーション（霊感）を感じてハイクを作る。第七段階、推敲し、書き、また推敲し、最後にハイクを完成させる。

メディテーション（meditation）に瞑想の訳語を用いたが、ヒルツネンのいうハイクの瞑想には観照（対象を主観を交えずに見つめる）という用語の方が適切なのかも知れない。瞑想という用語は、俳句が海外に紹介されたとき、禅や能と一緒に紹介されてきた影響と考えられるが、ハイクと瞑想の関係は今後検討されなければならない問題のひとつかも知れない。しかしながら、芭蕉の「塚も動けわが泣く声は秋の風」と小杉一笑の死に示した激しい感情や臨終に近い日の「此秋はなんで年よる雲に鳥」の「雲に鳥」を得るまでの呻吟は、瞑想とも観照とも異なる心的状態と考えられる。[26]

ヒルツネンは、ハイクには意識を投映するプリズムのような働きがあり、このプリズムには個人（身体／自我）、超個人（身体／自我を越えたもの）そして世界（無我／全体）を映し出す三つの働きがあるという。ハイクを作るとき、この投映プリズムが用いられ、現在のこの瞬間の意識に焦点が向けられるとしている。俳句には、このような意識を対象化する働きがあることは確かであるが、ヒルツネンもローゼンタールと同じように意識の変容を問題としながら、句作過程で生じる認知的な変容については考察していない。

（4）ハイク療法の研究報告

オーストリアのミュラー・タルハイム（Müller-Thalheim, W. 2000）は、ハイク療法を一〇名の患者に行った経験を報告している。この論文は、おそらくヨーロッパにおける最初のハイク療法に関するものと思われる。

ミュラー・タルハイムによれば、ハイクは内的な経験を直接しかも容易に表現することのできる方法であり、抑圧された感情を解きほぐし、コミュニケーション欲求を充たすことができる方法であるという。ハイクの単純な詩型は、長い間精神的な病により思考を混乱させていた患者にとっても容易に理解され、自分を防衛するように働いていた意識を取り除き、自分をハイクの詩型に写し取ることを可能にするとしている。句作は、患者を病の症状から引き離し、患者の人格の健康な部分に働きかけることができる。それには、季語（Kigo: seasonal references）が重要な働きをしていると言う。

慢性期にある統合失調症とうつ病の患者一〇名に対してハイク療法を試み、一年間で四〇〇以上の句作を行った結果、非常に驚いたことには、患者のハイクには抑うつ的な態度を除いて、詩型の誤りや逸脱も病理的な内容もみられなかったとしている。

次のハイクは、いずれも三〇歳の統合失調症の患者のものである（ドイツ語によるハイクをミュラー・タルハイムが英語に訳したものの大意）。

意識の嵐
心の太陽は隠れ
大地は私の寝台の中で震える

Storm in consciousness
Eclipse of the sun in mind.
Earth quake in my bed.

世界の重さ
私の歳月の悩み全て
どちらが重いのだろうか？

The weight of the world
all the suffers of my years,
which carries more weight ?

この二人の患者は、精神的な障害が非常に重く、投薬が必要であった。ハイク療法は、初め心理療法を補うものとして行われたが、どの患者も精神的な安定、コミュニケーション・レベルの向上、活動の喜びなど、薬物投与と同じような効果を示した。患者は、ハイクを作ることで感情状態が改善され、励まされ、より幸せを感じ、自分に自信を感じるようになったと報告している。患者にハイク療法を実施すると き、患者と治療者の間に強い信頼関係があり、会話能力と準備性、連想的思考と表現、内容そして記述の仕方（言葉）の新しい結びつきが、基本的に求められるとしている。

ミュラー・タルハイムの報告により、俳句の伝統的な詩型を用いることができない外国語によるハイク（三行詩）であっても、俳句療法の主要な効果である認知的変容を生じさせ、感情状態を改善し（カタルシス）、コミュニケーション能力を回復させることが確かめられた。この結果から、自由律俳句を俳句療法に用いる場合も同じ効果の得られることが推測された。

現在のところ、ハイク療法の理論と臨床的適用を体系的に記述した外国語による研究書は見当たらない。コーバ（Korba, T. A., 2005）の『ハイク療法』は研究書ではなく句集である。コーバは、セラピストでも患者でもなく、健康そうなアメリカ人ミュージシャン、アーティスト、ライターである。この本には、コーバの二六八のハイクが収録されているが、ハイクには詞書きのような説明は全く付けられていない。わずか二頁に充たない序文の中で、ハイクとの出会いとハイク療法の治療的効果について個人的体験が語られている。その記述は、ハイク療法とは何かを示唆しており興味深い。

コーバは、禅についての本を読んでいるとき、偶然にハイク療法のことを知ったという。ハイクのシンプルさに魅力を感じ、ハイクを作ろうと思い、二週間に習作を含む三〇〇のハイクができた。曖昧模糊とした思考が五、七、五シラブル（音節）の三行詩、ハイク形式に整えられるとき、脈絡のない思考がはっきりしたものとなり、人生の迷いは減少した。ハイク療法とは、思考と感情をこのシラブル形式の中にあてはめる過程であるとする。この方法で自分の思考と感情に注意を集中すれば、隠されていたものが顕在化（意識化）される。そしてハイクを書けば書くほど、人生のディレンマはより単純化されるという。ハイク療法が、人生のすべての問題を切り抜けるのに役立つとは思っていないが、問題のひとつの解決に役立つならば、それで十分であるとしている。

第七章　連句療法

1　連句療法の心理的過程

連句という名称は、連歌や俳諧の連歌と区別するために、高浜虚子が明治三七年（1904）に提唱してから定着したと言われる。その形式は、複数の人が集まり、一定のきまり（式目）に従って五・七・五の長句に七・七の短句を、前句が短句であれば長句を付け、さらにこれを繰り返し三六句（歌仙）、さらに五〇句（五十韻）、一〇〇句（百韻）と続けられるが、多くは三六句（歌仙）の形式が用いられている。

寺田寅彦（1961）の『連句雑俎』[1]によれば、連句の相次ぐ二句の関係は、他の詩歌と根本的に異なっているという。連句の前後の二句は、互いに独立した句であり、それぞれが別々の価値を持ちながら、そこに界面現象[2]とも言うべきもの、和弦（和音）あるいは和声のようなものが生じ、これは他の詩歌にはない連句の特徴であるとしている（「連句と音楽」）。連句の二つの句の間には、他の詩や小説のような話の筋や論理を期待してもそういうものはどこにもないと言う。「普通の文学的作品は一種の分析《アナリシス》であるのに対して連句は一種の編成《シンテシス》である」[3]とも言っている（「連句と合奏」）。それゆえ、一人で行う連句（独吟）に面白味が少ないのも理解され、連句にとって共作者の個性との共鳴、融合と統一が重要な要素であるとしている。

このような連句による心理療法を連句療法と呼んだのは淺野欣也（1983）であった。[4] 連句療法は、基本的には患者と治療者の二人の間で行われ、前句に対して付句をその場でする場合もあれば後日にする場合もある。淺野（1990）は、後日付句する方法を宿題法と呼んでおり、句数も十八句（半歌仙）あるいは三六句（歌仙）で行い、式目に従わない自由連句の方法も用いている。連句療法は、広い意味で俳句の交換法と呼ぶこともできるが、連句は日本の伝統的な詩歌形式のひとつであり、長句と短句という性格の異なる句を一定の規則に従って交互に付け合うことから生じる効果は、俳句の単なる交換とは全く異なるものである。治療法として連句療法を用いるとき、最も効果的な句数や句作上の条件などは、現在のところ十分に検討されているとは言い難い。

（1）連句（付句）の心理的過程

寺田寅彦は、『連句雑俎』の「連句の心理と夢の心理」において連句の付合の心理過程を考察しており、その考察はきわめて示唆に富んでいる。

長句が前句として示されるとき、「その句の面《おもて》に一つの扉が開かれて、その向こう側に一つの光景なり場面なりが展開される」とする。光景や場面をイメージとするならば、前句からさまざまなイメージが浮かび、そのイメージは絶えず変化し推移していく。しかし、前句の場面に戻るならば、「前句の十七字には無数の（イメージの）『扉』があり『窓』があり、それらがみなそれぞれの世界への入り口であることに気づく」という。拡散していくイメージは、季題により、前々句の趣向と題材を考慮することにより方向性が与えられ、さらに前句と照し合せながら、前句に対する「付け過ぎ」を避け、ひとつの付句が作られる。連句における月や花の句の配置（定座）もイメージの無秩序な拡散を統制するための制約であると考えられている。寅彦によれば、前句と後句の関係は、「精巧な器械の二つの部分が複雑きわまる隠れた仕掛けで連結していて、その一方を動かすと他方が動きまた鳴りだすような関係」であり、そして「それほどの必然さをもって連結されていて、しかもその途中のつながりが深い暗い室の中に隠れているような感じを与えるもの」がよい付句であると言っている。付句の題材の選択過程の後に、表現の過程が続くとしている。

寅彦は、連句の付句は句作者の体験の「潜在的な句想の網目につながるべき代表的記号」の現れであるとして、フロイトの夢に関する所説に言及している。しかしながら、連句において、潜在的な句想（夢）は付句をする者にも、また連句を読む者にも共鳴するものがあり、普遍性が認められるゆえにフロイトのいう夢とは異なるとしている。

さらに、『連句雑俎』の「連句心理の諸現象」において、連句と連想作用の関係に言及している。芭蕉の連句集『猿蓑』の「灰汁桶の巻」の二句を例に上げ、「灰汁桶のしずくやみけりきりぎぎす」と「あぶらかすりて宵寝する秋」の句では、「油かすりて」は「灰汁のしずく」と「油のしたたり」との物理的な類似からの連想であり、「灰汁のしずく」が次第に少なくなり、とうとう出なくなってしまい、「油かすりて」になったとしている。さらに、句作の対象の視覚的・触覚的な感覚からの連想、言葉や数、イメージからの連想の例を数多くあげている。連想は、前句ばかりでなく前々句からも同じように生じ、前々句との類似である打越[5]の危険を避けるため、連想から呼び出されるイメージは付句の候補のひとつであって、それらが推敲され洗練されて付句になることを次のような例をあげて説明している。「雪の跡吹きはがしたるおぼろ月」の前句に、「蒲団丸げてものおもい居る」という付句ができてしまえば、それまでの連想の過程は問題にされない。「あぶらかすりて宵寝する秋」の二句後に、「ならべてうれし十の盃」という付句が続いているが、前句は新しい畳を敷いた座敷、前々句にはそこに行燈があり、油皿のイメージが盃に変化して付句になったと考えられるとしている。

　連想には個人に特有な連想があり、そうした連想が一度活性化されると、繰り返し現れ、一定の傾向を示すことは心理学の連想検査からも知られている。寅彦は、この連想傾向を「観念群あるいは（観念）複合（コンプレックス）とでも称すべきもの」と言い、連句の句作にかなり重要な役割を果たすとしている。芭蕉の連句集五一と五二の濁子《じょくし》の句では長句と短句の二三句の中に「魚鳥」複合が三つ認められ、史邦《ふみくに》の句三八では「雨月」複合が多く、岱水《たいすい》の五〇句では十一が食べ物と飲み物に関係し、涼葉《りょうよう》の句十七では半数以上がひとつの観念群から生じているとして、連句の句作に個人に特有な連想傾向のあることを指摘している。連想がその人の人格的特徴の表出であることは、心理学において連想検査が投影法検査[6]として用いられていることからも理解される。この指摘は、連句療法において診断や治療効果の判断にとり重要である。連句で用いられている言葉や表現は、連想の結果であり、そのような連想を始動させる心的状態を推論する手掛かりとなる。さらに、連想が了解できないもの（了解不能）であるならば、何らかの病的状態にあることの証拠となる。連句における連想の問題は、連句の治療的効果の評価にあたって重要な観点であると考えられる。

（2）連句療法の方法

連句療法には、患者と治療者の二人で行われる個人療法と複数の人により行われる集団療法とがある。個人連句療法は、治療者の長句に患者が短句を付ける方法と患者の長句に治療者が短句を付ける方法の他に、途中で長句と短句を交代する方法により行われている。連句の句数については、多くは十八句の半歌仙を用いているが、三十六句の歌仙を用いる場合も、十二句（十二調）や六句の連句を用いている場合（志村 2001）もある。

連句療法を始めるとき、なぜ行うのか説明しなければならないが、志村実生（2001）による次のような説明は分かり易い。志村は、連句療法が明確な治療法ではなく治療効果のある「遊び」であると伝える。そして、最初の長句（発句）は患者に作ってもらうが、できないときは「今の季節は?」「どこにいることにする?」「何を見ている?」「誰といる?」「その時の感じは?」などと尋ねる。患者の答えを手掛かりに治療者がいくつかの句（案）を作り、その内の一句を患者がよいと認めたら長句（発句）とする。次に治療者が短句をいくつか作り、患者に好きな句を選んでもらう。志村は、六句の連句を用いたが、連句療法の効果から句数を決めたものではなく、治療者の時間的制約のためであり、時間的な余裕があれば十八句の半歌仙でも三十六句の歌仙でもよいとしている。しかしながら、句数と治療的効果の関係については言及していない。

患者が句を作るときの方法に共作法と宿題法の二つがある。浅野（1990）によれば、共作法は患者が句を作ることができないとき、患者との会話から、あるいは患者の衣服や生活歴の中から話題を探し、患者と話し合いながら一緒に句を作る方法である。前述の志村の方法は共作法である。宿題法は、患者に次回までにいくつかの句を作ってくるように求める方法である。宿題法では、患者の句に治療者はその場で句を付けねばならないが、これは治療者を一種の葛藤状態に置くことになる。患者は、治療者のそのような姿をみることで自分の葛藤の解決に役立てることができるとしている。

浅野（2000）は、『癒しの連句会』（日本評論社 2000）の「連句療法の実例」と付録の連句療法マニュアル（初心者用）で、連句療法の個人と集団への適用についておよそ次のように言っている。

連句療法の対象者について、個人療法はほとんどの精神疾患の患者に用いることができ、個人・集団のいずれの療法にも特に不適とする者はいない。ただし、統合失調症とうつ病の初期には連句療法は避けた方がよい。うつ病の初期でも否定的妄想・自殺を考えているような場合には共作法による個人療法を導入してもよいと言っている。

連句療法を導入するとき、個人療法と集団療法のどちらから始めてもよいが、連句について雑談しながら、「葛藤を自分で処理する力がつきます」など治療の流れの中で自然な形で勧めるのがよいしている。最初の句（長句・発句）は治療者が詠み、短句を付けて見本を示す。患者には、句ができなければ無理に作らなくてもよいと言う。連句の句数については、個人療法では十二句（十二調）あるいは十八句（半歌仙）、集団療法では十八句（半歌仙）が適しているとするが、状況により句数は増減させてもよい。個人療法には強制感が伴いがちであるが、集団療法は参加者の人数も二、三人から十数人で、参加も自由であり、遊びの要素を取り入れることができるので強制感はなくなる。この療法を行う場所については、特別な場所は必要がなく、集団療法ではデイ・ケア・ルームのような、参加者が無理なく座れる開放的な環境が望ましいとするが、特に静かである必要はないと言っている。

連句療法は、個人療法では一回に二句を作り、週一回から月一回の間隔で、十二句（十二調）は七回、十八句（半歌仙）は十回で終わる。集団療法では、病棟、リハビリテーション・センター、デイ・ケアなど場所に応じて多少やり方を変えるが、基本的には句の発表、句をホワイトボードなどに板書し、各自の記入用紙に書き写すなど同じである。一回の時間は三〇～九〇分くらいが適当であり、治療者の他にアシスタントのスタッフが一名いることが望ましいとしている。作品（句）は、清書（ワープロなど）して各人に数枚をコピーして渡す。個人療法も集団療法も、その後適当な休みの期間を置いて再び行う。連句療法の終了について、浅野は、患者が連句を楽しんでいるようならば止めずに、一般の連句活動に移ることには何ら問題がないとしている。治療者の連句経験の有無については、短期的には問題はないが、治療過程で生じるさまざまな問題に対処するには、当然のことであるが経験のある専門家の助言が必要であるとしている。この治療法を続けるか否かの判断については、飯森真喜雄（1990）による統合失調症患者の俳句の変容過程についての指摘が参考になる（第六章の「2　俳句療法」（3）を参照）。

2 連句療法の適用

（1） 連句療法の主な研究報告

浅野（1990）によれば、連句療法は、これまで摂食障害以外のほとんどすべての精神障害者に試みられており、器質性精神障害者への適用は疾患の治療ではなく、環境への適応の改善を目的に行われてきた（摂食障害の症例がないのは、他の診療科に摂食障害の専門医がいたためであるという）。そこで、次に症例の病歴、連句療法の方法、実施期間、回数、効果などがかなり詳しく記述されている症例について、その概要を紹介したい。

①神経症

浅野（1983）は、神経症患者に連句療法を適用した三例の症例を報告している。この症例報告は、連句療法を個人に適用した最初の報告と考えられる。方法は、第一句の長句を治療者が、次の短句を患者が句作する方法で、十八句の半歌仙をおよそ二週間で行い、二週間の間隔をあけて繰り返している。実際の期間は、それぞれ平均二十一日と十八日であった。入院患者の場合は毎日、外来患者の場合は週に一～二回行っている。

症例一は、七年前の夫の死亡後、無気力、不眠、体感症（口中の膨脹感が腹部の波動感に連動するという訴え）、呼吸困難発作、熱感発作が始まり、同時に四男の嫁への依存が顕著になった七十八歳の女性である。患者の無気力の改善を治療目的に、連句療法が前述の方法によって四回行われた。四回目の連句療法の終了時から症状も軽快し、気力の回復もみられるようになった。

症例二は、夫が七年前に定年退職し、再就職した頃から神経症の症状が現れるようになった五十九歳の女性で、夫への不満、家の建て替え問題、老後の不安、経済的な不安、そして嫁との葛藤などが、胸部苦悶感、希死念慮を生じさせた。焦燥、苦悶の症状の背後にある無気力の治療を目的として連句療法が三回行われた。その結果、無気力の症状に改善がみられ、呼吸困難、苦悶症状は夕方から夜にのみ認められ、心因によって増悪することが明らかになった。

症例三は、五十六歳の女性歯科医の症例で、同居している娘の歯科医に多くの患者が行ってしまうことから不眠、下痢、無気力、希死念慮を生じさせた症例である。連句療法を始めて三回目の途中で自分から退院し、その後外来への通院もなくなったので効果については明らかではないとしている。

淺野は、これらの症例から連句療法が無気力の改善に効果があり、体感症、胸部苦悶感などの身体症状を軽快させ、同時に症例三を除き、家庭内の葛藤、精神的な問題の解決能力を回復させたとしている。連句の形式が句作への導入を容易にし、半歌仙が最も治療に適した句数であると言っている。

②心因痛

星野恵則（1990）は、職場の上司との人間関係の悪化が原因で、下肢の攣縮《れんしゅく》と疼痛が発症したと考えられる五十一歳の独身女性の症例を報告している。連句療法は、三～四ヶ月で歌仙（三十六句）を二回繰り返し、患者には宿題法、治療者はその場あるいはその日の内に付句を返すという方法により行われた。患者は、治療者の前句に三～七句の付句を持って来ることが多かったが、「作りもの」の感じがする句や信仰している宗教の観念的な句はできるだけ付句としないようにした。その結果、患者の治療者に対する攻撃的態度は目立って減少し、それまで語ることのなかった自分の生育歴についても話すようになった。父親から愛情を受けたという記憶のないこと、他の姉弟たちのように親に甘えられずにいたこと、宗教活動や職場で出会った何人かの男性上司に対する恨みの気持ちと愛さなければならないという宗教的信条との間に葛藤があることなどを語った。この患者の最後の句は、「幼き瞳玩具修理をひたむきに」であり、自分は子どものまま大人になってしまったみたいだと言い、この句は自己の修復過程をイメージしていたのではないかと星野は推測している。退院時に残っていた痛みも、二、三ヶ月後には杖を必要としないまでに軽減した。

田村宏（2002）は、不整脈、頭痛、足のしびれ、不眠、心気症を主な症状とする六十二歳の女性患者について、初めに俳句療法を行い、次に連句療法を行った症例を報告している。およそ一年間に俳句療法と連句療法が二十四回行われた。俳句療法をはじめて五回目の頃から心気的訴えが減少し始め、十一回目頃から半歌仙（十八句）の連句療法に移行した。患者の長句に治療者が短句を付け、次回の来院時に日常のこと、季節のことを詠んで来るように宿題とした。連句療法を始めて五ヶ月後には、軽い身体的不調に対しても心気的になることは少なくなり、その後夫も連句に加わり、症状の訴えは全くなくなり、再発もしなかったとしている。

人間関係の不満や葛藤から生じた攻撃性や敵意を内向させることで身体的痛みが発症することは、心因痛患者の多くに認められる心理的メカニズムである。連句療法の互いに句を付け合うという行為は、星野の症例の「隠していた人間性を全部出すことができた」という言葉にみられるように、抑圧していた不満や葛藤の表出を容易にし、人間関係の修復を促進させ、患者に認知的変容と感情のカタルシスを生じさせたと考えられる。

③うつ病

星野惠則（1986）は、薬物治療で顕著な効果の得られなかった二十六歳の女性患者に連句療法を行い、宿題法により半歌仙と歌仙を各々一回終えたが効果は認められなかった。患者の句作が一ヶ月も滞ることがあり、連句療法が継続的に行われなかったためではないかとしている。

④躁うつ病

田村宏（1990）は、うつ状態、軽躁状態、寛解状態を約十年間繰り返していた慢性躁うつ病（双極Ⅱ型気分障害）の女性の症例を報告している。五十五歳の時うつ病を発症、脳梗塞の後遺症のある夫による妻への暴力や心ない言動が躁状態を生じさせていたと考えられる症例で、六十一歳の三回目の入院時から宿題法で連句療法を始め、約二年半の間に半歌仙を九回行っている。途中の一時期は夫も参加した。連句療法により躁・うつ両病相において軽症化の傾向が認められたとしている。

⑤統合失調症

統合失調症については、星野・田村（1990）により三例が報告されている。二例は中年期の女性で連句療法の開始時、ひとりは自閉状態にあり、会話の応答は情感に乏しく、自発性を欠き、感情鈍麻が目立つ状態にあり（病歴約二〇年）、もうひとりは迫害的内容の妄想と幻聴があり、日常生活にも支障をきたしていた（病歴約三〇年）。三例目は三十歳代前半の男性で、連句療法の開始時には力動感に乏しいやや誇大な妄想・幻覚があり、疲れ易く心気的傾向と多少の強迫的傾向が認められ、会話もまとまらず、思考の弛緩と滅裂も認められ、無為と現実離れが中心症状の症例である。

連句療法による治療期間は症例により異なるが、半歌仙を二〜三ヶ月で行い、一年間で五回、二年から三年間で一〇回の連句療法が行われた。その結果、どの症例も前句を言い換える「模倣」から周囲の世界へ関心の拡がりを示し、付句に連句の特徴が認められるようになった。この変化は、健康な初心者にみられる過程であり、星野らは「世間に通用する言葉の世界から長らく離れてしまっている慢性精神分裂病（統合失調症）においても見られたことは注目すべきことと思われる」と言っている。いずれの症例も全般的な状態の改善が認められたとしている。

志村実生（1990）は、二十三歳の時精神科を受診し、その後入退院を繰り返し、三〇歳で再入院した慢性破瓜型統合失調症の女性に連句療法を行った症例を報告している。連句療法は、患者が数句の長句を用意し（宿題法）、治療者がその場で短句を付けるという方法で三ヶ月間に半歌仙を三回行った。出来上がった連句は、かなの書家により清書され、同時にワープロで活字にして患者に渡された。患者は、長句を初めはその場で詠んでいたが、次第に手帖に書き留めた句から選ぶようになり、句作が継続して行われていた。連句療法が進むにつれて「生活の匂い」を感じさせる句が見られるようになり、現実との繋がりを示す言葉が多くなったとしている。この患者が連句療法において何を体験したか分からないが、患者と治療者の互いの「誠意」と「主観性の共鳴」が慢性統合失調症の状態から脱するように作用したのではないかと言っている。

田村宏（1999）は、二十七歳で発症し約一〇年の病歴のある男性の症例を報告している。この症例は、「働いていないこと」に強い葛藤を感じ、何気ない会話にも歪んだ連想をして精神運動興奮を示した患者で（躁病型分裂感情病）、入院八ヶ月後から半歌仙をおよそ四ヶ月間に四回行った。この症例では、連句療法により「共感的な言葉のやりとりの演習を繰り返す過程で葛藤は緩和され、現実に則した言葉の意味と連想、文脈理解の機能」が回復し、次いで「現実の認知・検討能力」が改善されたとしている。退院から二年半後の現在も再発の兆候はみられない。

この他、淺野（1990）による報告は、三十六歳のとき発症した患者が、淺野（1983）の症例一の患者の長女であり、母娘はある期間同じ病棟に入院し、同じ治療者により連句療法が行われた珍しい例である。治療過程の詳細が記述されていないが、退院後の生活は良好な状態が二年ほど続いているという。また、田村（1991）には二例の中年期女性の症例報告がある。

⑥青年期境界例

星野惠則（1986）は、二例の青年期境界例の症例を報告している。症例一は、二十歳の男性で中学三年時に発症、神経精神科に入退院を繰り返し、十九歳の入院時には大食、性的逸脱行為、自傷行為、気分易変性、家庭内暴力などの状態にあった。入院時の動揺がやや治まった頃から連句療法を始め、約一年間に半歌仙の連句療法を四回行っている。この症例の付句の特徴は、実感が伴わず、表現とイメージがずれていた。患者と話し合いながら、実感が伴い、しかも一般に認められるような現実感覚のある表現に直してゆく方法（共作法）を用いた。その結果、徐々に感情の不安定さは軽くなり、歴史学者になるという高望みの未来像も一応は取り下げ、定時制高校への編入を目指すという現実的目標を立て、現実適応的行動がとれるようになった。時々不安感、強迫症状は生じるが、入院前に比べると軽度になったとしている。

症例二は、二十四歳の男性で、高校一年の時に発症、不安、八つ当たり、醜貌恐怖、自殺念慮も生じるようになり、大学も中退する。二十四歳の時、調髪により頭が悪くなるのではと不安になり、家で暴れ入院した症例である。約五ヶ月間に主に宿題法で四回の連句療法をおこなった。形式的にはほとんど問題のない句を作ることができたが、この症例でも独りよがりで実感の伴わない句がかなり認められた。当初認められた高望みの将来像も連句療法の過程で次第に現実的なものになり、両親との葛藤も治まってきた。退院後、まれに不安感、強迫観念は出現するが、それにより混乱することはなくなったとしている。

この他、浅野は、『癒しの連句会』（日本評論社 2000）の第三章「連句療法の実例」で連句療法を行った五つのケースの紹介と簡単な解説を行っている。その一部は学術雑誌等に発表された症例である（ここに紹介した症例は報告の概要であり、詳細は引用文献に当たることが望ましい）。

（2）連句療法の治療効果

浅野（2000）は、連句療法の治療効果を評価しようとするとき、次のような行動および症状の変化が指標として役立つとしている。①対人関係を含む環境への適応の改善、②問題行動の変化（破壊から共生へ）、③葛藤処理の自発的な報告、④無理のないマイペースへの移行、⑤各疾患の症状の改善などである。同時に、他の治療法においてもみられる現象であるが、連句療法のマイナスの効果として治療者への依存と病状からの解放による行動の乱れを指摘している。

田村（1990）は、うつ状態、軽躁状態、寛解状態を約十年間繰り返していた老年期女性に連句療法を適用した症例から、連句療法の治療効果と家族療法的効果について検討している。①躁病相における効果：治療者が句の「読み手」となることで、患者の逸脱行動を減少させ、句作という行為により躁状態の観念奔逸的思考にある種の秩序を与え（「まとめる」ことは観念の秩序ある配列を意味する）、その結果、鎮静効果が得られたのではないかと推測している。②うつ病相における効果：句作は、「うつだから何も出来ない」という「病的構え」を弱め、「うつでもこれだけ出来る」という自信（自己効力感）を引き出し、抑うつ気分を訴えながらも社会的適応の向上が得られたとしている。連句に自己の連続性が残されるため、患者は「順調でない自己」をも受け入れるようになり、制止・易疲労感・抑うつ気分などを軽減させるのではないかとしている。③寛解期における効果：寛解期が明確に認められた症例はなかったが、連句療法が六、七回以降になると、生活状況はほとんど改善していないにもかかわらず、全体の構成を見ながら連句の付句ができるようになり、精神的問題の解決能力も回復するのではないかとしている。④家族療法的効果：治療者と患者の句を家族が見る、家族が患者と一緒に付句をするなど、連句療法に家族が参加することで、家族療法的な効果の得られることが期待されるとしている。

星野（1990）は、心因痛患者への連句療法の適用により、自己に対する認知を変化させ、感情を言葉に表すという効果がみられたと言い、さらに星野（2001）は、患者の句をできるだけ声に出して読むことにより、次のような効果があるとしている。①治療者―被治療者の間のコミュニケーションの深化：句を音読することにより、日常の対話では感じることのできなかったニュアンスが伝えられ、面接も和やかなものとなる。②自分の心との繋がりの深化：句作の基になった体験や句作の過程を話題にし、句の言葉の響きやリズムから、それまで気づかなかったものと自分の心との繋がりに気づかせ回復させる。何らかの洞察が得られることもあるが、必ずしもそれが自覚される必要がないという。③生きている世界への共感性ないし愛の強化：季語の多様なイメージを通して季節の感覚を感じ、言葉のリズムや響きを通して外界への共感性と愛おしむ気持ちが強められる。これは、さまざまな心の障害の治療の基礎となるとしている。

心身症患者に俳句療法を適用した田村（2002）は、感情の表出や葛藤の言語化が困難で、コミュニケーション能力などの不足を特徴とする失感情言語症（アレキシサイミア）に対しても、連句療法が有効であったとしている。

これまで紹介・考察してきた症例報告から、連句療法の治療効果は、句作の過程と句を「付け合う」という人間関係から生じると考えられる。句作過程から生じる治療効果は、俳句療法と同じように句作することでそれまでの認知的世界を変化させ、感情を言葉に表すことでカタルシスを生じさせるという効果である。そして、互いに句を「付け合う」連句療法には、俳句療法にはない治療効果が認められる。連句の「付合」は、互いに個人的な考えや想いを伝え合うことで、他の人との親密な関係が形成される。句作を共にし、同じ句を共に鑑賞することは、連詩療法、コラボレイティブ・ポエムと同じように、共感的な人間関係の形成を促進させる。個人療法においては患者と治療者の間に、集団療法では他の参加者との間に共感的な人間関係が形成されると考えられる。この共感的な人間関係が認知的変容と感情のカタルシスを生じさせることになる。

連句療法では、患者に対する治療者の働きかけは、俳句の推敲法に較べてより間接的で緩やかである。「付合」は、詠む句の題材が予め示されている題詠のように、前句あるいは前々句の題材や趣向、イメージの制約を受けるため、連想を拡げるように強いられると同時に無条件に連想することも抑制される。「世間に通用する言葉の世界から長らく離れてしまっている」ような慢性の統合失調症の患者であっても、連句は健康な初心者と同じように、前句を言い換える「模倣」から連想が周囲の世界へ拡がり、次第に付句に連句としての特徴が認められるようになる（星野・田村 1990）。

連句療法の効果は、統合失調症、不安障害（不安神経症など）、気分障害（うつ病、躁うつ病、躁病など）の患者の症状により違いが見られるが、他の人との意思の疎通に障害のある者には、句を互いに「付け合う」という行為はコミュニケーションの回復を促す。抑圧された感情を表出できない者には、句作により言語的に表出する効果が認められた。観念奔逸的な者には、秩序のある思考に導き、自己同一性に混乱を生じさせている者には、句作過程で新たな自分に気づき、句集（一連の句作）の中に自己の連続性を見出すようになる。連句を互いに声に出して読むことは、これらの効果をより一層強めることになる。このような効果から、認知的変容と感情のカタルシスが生じると考えられる。

あとがき

放送大学岐阜学習センターでの最終講義「詩・俳句による心理療法について——詩歌療法序説」から四年余りが過ぎました。現在勤務している大学の図書館には、かって国文科や英文科におられた先生方が集められた詩に関係する貴重な本が沢山ありました。その良質な本の収集から、いまは亡くなられ、退職された先生方の学識の豊かさと見識の高さが窺われます。この本は、それらの国内外の詩の本を身近に見ることなくしては書くことができませんでした。

この本の中で引用した詩の訳については、日本語訳をできるだけ探し、それを用いましたが、訳者により表現が異なり、英米詩の専門家でない者にはどれが適切な訳なのか選ぶのに迷いました。アメリカのポピュラーソングの歌詞の訳などは、原詩とかなりかけ離れた訳もあり、患者さんの詩には訳などありません。詩の言葉は、作者でさえ他の言葉に言い換えることができないものと言われています。詩に訳のないものは、無理を承知で大意として訳をつけました。いずれ何方かが直してくださることを願っております。詩歌療法は詩を用いた心理療法です。訳詩を含む日本語による詩が、詩歌療法のために集められる必要があります。

詩歌療法の対象者に患者とクライエントの二つの言葉が用いられていますが、精神医学では患者が、臨床心理ではクライエントが用いられており、そのまま使用しました。この本を読まれる方は、症状が重いときには患者が、比較的軽いときにはクライエントが用いられていると理解され、患者とクライエントの用語の違いにこだわらずに読まれることをお勧めします。

短歌による心理療法の研究は少なく、ほとんどがエピソード的報告でした。詩歌療法の重要な領域ですので、早い機会に取り上げたいと思っております。深尾須磨子や佐藤一英については、岐阜女子大学図書館の司書で詩人の中嶋康博さんから多くのことを教えられました。深尾須磨子の墓所が勤務する大学近くの吉祥寺にあり（兵庫県明石市にもあります）、私の家の墓も同じ所にあったのには驚きました。いろんな偶然がなければ、この本はできなかったでしょう。岐阜大学医学部の足立久子教授（成人看護学）には医学系の文献についてお世話になりました。放送大学岐阜学習センターの心理学ゼミ（リフレッシュ・ゼミ）の皆さんには、詩歌療法の話を熱心に聴いていただきました。新曜社の塩浦暲さんには硬い言葉の並んだ文章を丁寧に読まれ貴重な助言をいただきました。心より感謝申し上げます。

註

第1章　詩の特徴

［1］　ワーズワスの詩と詩論が日本の近代詩に与えた影響について、宮下忠二（1992）は次のように指摘している。

「ティンターン修道院上流数マイルの地で」についての言及が、夏目漱石の「英国詩人の天地山川に対する観念」（1893）にも、国木田独歩の短編「小春」（1900）にもみられ、島崎藤村の『藤村詩集』（1904）の序文に「詩歌は静かなるところにて思い起したる感動なりとかや」とワーズワスの序文が引用されている。『*Lyrical Ballads*』（初版1798）は、明治の中期以降、日本の文学者たちに少なからぬ影響を与えてきた。（『*Lyrical Ballads*』には、宮下忠二訳『抒情歌謡集』大修館書店 1984 がある。）

ヴァレリーの詩論は近代詩学を創設するものとも言われ、近・現代詩に与えた影響は改めて述べるまでもないが、一九三九年オックスフォード大学での講演「詩と抽象的思考」（1939）は詩と同様にきわめて難解である。入沢康夫（1967）は、「詩の構成——現代詩の技法」において、散文を「どこそこへ到達するということが問題で歩き方を問わない歩行」に、韻文（詩）を「到達点は問題ではなく、踊るということ自体、踊り方そのものが問題である舞踏」（『詩と抽象的思考』からの引用）とするヴァレリーの喩えは、その後の多くの詩の入門書や詩作法の本に紹介され世に流布してきたとしている。言うまでもなく、歩く足と踊る足の「足」は言葉である。「詩と抽象的思考」は、世界文学大系第五十一巻『クローデル・ヴァレリー』（筑摩書房 1960）の佐藤正彰訳に依ったが、内容を分かりやすく説明することに努めたので、引用個所も訳文通りではない。

［2］ 詩「狂った母親」（The Mad Mother）の第二連「可愛い赤ちゃん、ひとは私が狂っているというけど／ちがう、私の心は喜びでいっぱい／私は歌っているとき幸せ／悲しいこと哀れなことをたくさん／と歌い」（訳は大意）。「白痴」（The Idiot Boy）は、三月の月夜の晩、知恵遅れの少年が小馬に乗って隣人のスーザン老婆のために町へ医者を迎えに行く物語で、少年の一夜の旅が「雄鳥がホーホーと鳴いて、お日様が冷たく光っていた／…／これが旅の物語のすべてであった」（訳は大意）で終わっている。この詩は、母親の心の揺れと微妙な変化を歌った詩である。二つの詩は人間の根源的な法則を歌っているとされている。この詩の最後の連では、梟（owls）ではなく雄鳥（cocks）、月（moon）ではなく太陽（sun）と表現されている。

［3］ ワーズワス・コールリッジ／宮下忠二訳『抒情歌謡集』の解説、大修館書店（p.275-291. 1992）

［4］ 本章の「3　詩作の動機づけ」、「4　詩作過程の事例――大岡信『わが夜のいきものたち』」を参照。詩的感情状態は、ポジティブな感情ばかりでなくネガティブな強い感情からも生じる。

［5］ ボードレールの「露台」と「沈思」は、阿部良雄訳『ボードレール全詩集Ⅰ』の「悪の華」ちくま文庫（p.95-96, 1998）

［6］ リーヴズ（Reeves, J., 1909-1978）は、イギリスの詩人、詩集の編集者、批評家。田園詩、社会諷刺詩など。詩集『*The Natural Need*』、『*Collected Poems*』などがある。引用は『*Understanding Poetry*』p.38-46, Heinemann, 1965. この本には武子和幸訳『詩がわかる本』思潮社（1993）がある。

［7］ グレイ（Gray, Thomas, 1716-1771）イギリスの詩人。「田舎の教会墓地で書かれた悲歌」（Elegy Written in a Country Churchyard, 1751.）

［8］ バラッド（ballad）は、イギリスで中世以来口頭伝承されてきた物語的・叙事的な内容の歌謡（『広辞苑』六版）。リーヴズによれば、バラッドは物語を覚えやすいように韻文形式を用いたものであるという。

［9］ 連とは詩学のスタンザ（stanza）のことであり、通例は有韻の詩句四行以上からなるものを言う。

〔10〕 宮下忠二訳『ワーズワス・コールリッジ抒情歌謡集』大修館書店（1992）の最初の五連である。この詩の表題は、従来は「老水夫行」と訳されていた。原詩は『*Lyrical Ballads*』（1980）を用いた。コールリッジ（Coleridge, S. T.）の詩 The Rime of the Ancient Mariner が「老水夫行」と訳されるのは、白楽天の詩「琵琶行」の「行」に倣ってのことである。行は古詩のひとつで、もともとは楽府の楽曲の意味である。唐以後は比較的長い詩、叙事詩をいう（『広辞苑』六版）。

〔11〕 キーツ（Keats, John., 1795-1821）は、イギリスのロマン派を代表する詩人のひとり。Endymion（エンディミオン）の最初の一行「美しきものはとこしえに歓びである」（宮崎雄行訳）（A thing of beauty is a joy for ever）は有名である。

〔12〕 文体論（stylistics）とは、ある言語の情意的表現手段を研究・記述する言語学の一分野。スイスの言語学者バイイ（Bally, C. 1865-1947）に始まる。バイイは生きた言葉の働きや情意表現を考察し、文体論を構想した。

〔13〕 佐藤一英の詩「大和路」の「鐘なれど山は眠れり／神ませど大和のほとり／語るなく八重桜散り／かたほとりやんごとなかり／…」のように頭韻を踏む一行十二音、四行四十八音の韻律詩がある。また詩「空海頌」の四十八歌も頭韻を踏んで作られている。詩「木曽路」は頭韻も脚韻も踏んだ詩である。日本語で韻を踏んで詩作することは難しいが、この他にも多くの詩がある。

〔14〕 ウォトン（Wotton, H. 1568-1639）イギリスの外交官で詩人、『*Character of Happy Life*』（幸福な生活の特徴）、『*On his Mistress, the Queen of Bohemia*』（恋人、ボヘミアの女王について）などの作品がある。

〔15〕 斑猫《はんみょう》 体長二センチくらいの昆虫（甲虫）で、頭部と前胸背は金緑色、上翅は紺色、金紅緑帯がある。山道に多く、人の先へ先へと飛ぶので、「ミチオシエ」の別名がある。須磨子は、幼い頃兵庫県丹波の山間の地で育ったため、この虫のことはよく知っていたと思われる。
この詩は、詩集『斑猫』の中のひとつで、『現代日本詩人全集』第九巻、東京創元社（p.31, 1955）に所収。

［16］　草野心平「小さな三つの例」西脇順三郎・金子光晴監修『詩の本　第二巻　詩の技法』筑摩書房（p.169-176, 1967）

［17］　アリストテレス（今道友信訳）『詩学』アリストテレス全集 第十七巻第二十一、二章、岩波書店（1977）

［18］　トマス・ナッシュ（Nashe, Thomas, 1567-1601）イギリスの物語作者、パンフレット筆者。時代の悪い風俗や習慣の諷刺と論争にほとんどの生涯を送る。

［19］　ソネット（sonnet）十四行詩。十三世紀のイタリアで始まり、元来は十八行からなり、器楽の伴奏で唄う恋歌であった。その後、イギリスに伝えられた後、一〇音節十四行になった。押韻法の違いにより、イタリア形式とイギリス形式とに大別される。シェイクスピアのソネットはイギリス最大の十四行詩の抒情詩であると言われている。イギリスの詩人ワーズワスは、比較的自由に二つの形式を用いている。（参照、研究社『英米文学辞典』第三版）

［20］　動機づけ（motivation）とは、心理学では行動を誘発・発動させ、目標へ向けて行動を持続させるものを言う。

［21］　西脇順三郎・金子光晴監修『詩の本　第二巻　詩の技法』の「Ⅱ私の作詩法」筑摩書房（p.169-311, 1967）。草野心平「小さな三つの例」、北園克衛「芸術としての詩」、田村隆一「ぼくの苦しみは単純なものだ」、黒田三郎「見ている目」、長谷川龍三「不毛と無能からの出発」、黒田喜夫「被分解者・被抑圧者の方法」、関根弘「寓話」、吉岡実「わたしの作詩法？」、岩田宏「御報告」、石垣りん「立場のある詩」、長田弘「未来の記憶」。

［22］　腐刻畫とは、蝋引きの銅板に針で絵などを描き、酸で腐食して原版を作るエッチングによる銅版画。

［23］　社会主義リアリズムとは、文学と芸術の創作と批評の基本的方法のひとつ。現実を革命的発展の姿で歴史的・具体的に描き、人民の共産主義的教育に資するべきものとして、一九三四年第一回ソビエト作家大会で定式化した。ゴーリキーは、十九世紀以来の批判的リアリズムと革命的ロマン主義との結合と解説した。スターリンの文学・芸術支配貫徹の手段となり、東欧・中国にも波及、現状美化に満ちた作品を生み出した（『広辞苑』第五版）。

［24］　砂川事件は一九五五〜五七年、砂川（現在は東京都立川市）で起こった、米軍立川基地の拡張に反対する闘争事

件。住民らと警官隊が衝突、流血を見るに至った。

[25]『前進』は革命的共産主義同盟の機関誌。

[26] 宋左近「炎える母」については、伊藤信吉他編『詩とは何か』「第一章　シンポジウム・詩とは何か」（伊藤信吉他編『現代詩鑑賞講座』第一巻）角川書店（p.9-49, 1970）。「炎の花」については金子光晴他『詩の原理』（西脇順三郎・金子光晴監修『詩の本』第一巻）筑摩書房（p.181-195, 1968）。

[27] 第二章の「3　詩を生み出すもの――ユング」の（4）参照。

[28] 心理学で通常用いられている統計的処理（カイ二乗検定）を行った結果、「断章」の前半の23（82・1％）と後半の5（17・9％）の間には、有意な差が認められ（$\chi^2=10.29$, df =1, $p<.01$）、「詩」と共通する詩句は明らかに「断章」の前半に多く認められた。「断章」を三群に分けたとき、共通する詩句は、最初の62行では17（60・7％）、中間の62行では8（28・6％）、最後の63行では3（10・7％）で、傾向検定の結果、時間経過と共に有意に減少した（$\chi^2=12.58$, df =1, $p<.01$）。しかし、「詩」の前半と後半の間には有意差は認められなかった。

[29] 詩「クブラ・カーン（Kubula Kahn）」の研究書については、第二章の「3　詩を生み出すもの――ユング」の（4）参照。

[30] エリオット（Eliot, Thomas Stearns, 1888-1965）の「荒地」(The Waste Land) は第一次大戦後の混乱状態を歌った詩で、思想と感情を融合させた形而上学的詩は大きな影響を与えた。西脇順三郎・上田保訳『エリオット詩集』世界詩人全集十六、新潮社（1968）

[31] マンフォード（Mumford, Lewis, 1895-1990）村野（1967）からの引用。アメリカの文化評論家、人間と環境との関係を問題にした。『英米文学辞典』第三版、研究社（1985）

[32] 感情移入はドイツの心理学者・美学者リップス（Lipps, Th., 1851-1914）の用語で、自然、芸術作品などさまざまな事象に自己の感情を投影して解釈すること、共感の意味にも用いられている。

[33]　宮崎雄行編『対訳 キーツ詩集』岩波文庫（p.176-177. 2005）

[34]　スペンダー（Spender, S. H., 1909-1995）イギリスの詩人・小説家・批評家。

[35]　キルケゴール（Kierkegaard, S., 1813-1855）は、デンマークの実存哲学者。信仰と実存の問題を考察。『あれか、これか』『不安の概念』『死に至る病』など、いずれも深い内省に基づく。ニーチェ（Nietzsche, F. W., 1844-1900）は、ドイツの哲学者で、キルケゴールと並んで実存哲学の先駆者。『ツァラトゥストラ』『善悪の彼岸』『道徳の系譜』など、その内省力は、狂気に近いものを感じさせる。この二人は、人間の存在を無制約的なものと捉える実存的了解の哲学者ゆえに、ヤスパースは了解心理学におけるもっと優れた人物と呼んだ。

第二章　詩の心理学

[1]　アリストテレス（今道友信訳）『詩学』アリストテレス全集 第十七巻、岩波書店（1972）

模倣的再現（ミメーシス）については、『詩論』第一、四、二十五章、詩人の仕事については第六、九章、カタルシスについては第六章、詩を読む人の感動については第十七章、言葉の機能については第十九章、比喩については第二十一、二十二章に記述されている。

[2]　カタルシスには、このほかに二つの意味がある。今道の『詩学』の訳注によれば、ひとつは演劇学的解釈で、劇中の出来事のカタルシスを意味し、事件のカタルシス（浄化）、行為のカタルシス、事件の解明があげられる。事件のカタルシスは、凶悪な事件が詩人により純化され、悲劇固有の快を成立させるものである。行為のカタルシスは、悲劇の構成にとり必要な苦難の行為の部分を意味し、カタルシスによって消失せず、苦難の行為が続くことを意味している。事件の解明は出来事の意味の解明である。もうひとつは詩学的解釈で、劇中の出来事の内容のカタルシスである。苦難の浄化を意味し、苦難を生じさせている悪しきものを洗い落とし、主人公の苦難を高尚なものへと純化することを意味する。

なお、カタルシスの用語法は哲学、医学、心理学、宗教学などで異なり、洗浄、瀉出、浄化、救済、解明などの意味に用いられている。最初の詩歌療法の書であるリーディ（Leedy, J. J., 1969）による『詩歌療法』の副題が「情動障害の治療における詩歌の使用」であり、アリストテレスの感情のカタルシスという概念は詩歌療法にとっても重要な意味をもっている。

フロイト（Freud, S., 1856-1939）の精神分析におけるカタルシスも、後に述べるようにアリストテレスの感情のカタルシス概念に遡ることができるが、その意味は同じではない。

［3］アリストテレス（山本光雄訳）『政治学』アリストテレス全集 第十五巻、第八巻第七章、岩波書店（p.344-347, 1969）

［4］プラトン（藤沢令夫訳）『パイドロス』（『プラトン全集』第五巻）岩波書店（p.176, 1974）

［5］詩的感情状態の問題については、第一章の「1 詩とは何か」と「3 詩作の動機づけ」において、詩における比喩の問題は「2 文体論からみた詩」において、かなり詳しく考察した。

［6］フロイト（Freud, S.）『*Der Dichter und Phantasieren*』1908. 邦訳は高橋義孝訳「空想することと詩人」、フロイト選集第七巻『芸術論』日本教文社（1967）。

［7］幼少時の回想から受ける霊魂不滅の啓示（Ode: Intimations of Immortality from Recollections of Early Childhood）山内久明編「対訳ワーズワス詩集」イギリス詩人選（3）、岩波文庫（2006）

［8］共感覚（synesthesia）とは、ひとつの感覚器への刺激が他の感覚器に感覚印象を生じさせる現象。視、聴、嗅、味、触覚などの感覚が互いに未分化なために生じる。音を聞くと目の前に色が浮かんで見えるという色聴の体験など。相貌的知覚（physiognomic perception）とは、対象物を感情や表情を持つものとして知覚する様式を言い（Werner, H. 1948）、自分の欲求や感情を投影してものを見ること。アニミズム（animism）とは、生物と無生物を区別することが難しく、まわりのもの全てが自分と同じように感じたり、考えたり、話したりすると見なす傾向。直観

像（eidetic imagery）とは、過去に見た光景や出来事などの視覚的印象が、いま見ているかのように細部まで再現される知覚体験をいう。

[9] 芸術作品に関して、個人的な体験を「植物の育つ畑」に喩え、芸術作品は畑の養分を利用して作られるが、植物の「種」に喩えられる芸術作品の本質的なものに影響を与えるものではないとする。

[10] プラトンの洞窟の比喩において、イデア界を太陽とすれば、可視界は地下の洞窟の世界に喩えられる。人間は、洞窟の中で生まれながら手足を鎖でつながれ、イデアの影にすぎない感覚的経験を実在と思い込んでいる囚人に等しいとされる。『国家篇』第七巻。

[11] ハウプトマン（Hauptmann, G., 1862-1946） ドイツの劇作家・小説家。

[12] 林道義は、ユング（林道義訳）『元型論』（増補改訂版、紀伊国屋書店 2007）の訳者解説の中で、ユングの元型はプラトンのイデアやカントの先験的カテゴリーにあたるものであるが、「カント的な観念論と決定的に異なるのは心的イメージ（観念）の成り立ちについて、その背後に元型という経験科学的な概念を想定しているところである」と言い、元型は「人類史的な経験を基礎にした『客観的な』基礎をもつものと考えられており、その働きの実在もまた経験科学的な手続きによって確認されるべきもの」と考えられていることである。カントの『純粋理性批判』（*Kritik der reinenn Vernunft*, 1956, Felix Meiner）によれば、イデー（理念）は理性の働きによるもので、経験に関わる悟性に根拠を持たないとされている。

[13] 神秘的融即（participation mystique）という用語は、レヴィ＝ブリュール（Levy-BruhL, L., 1857-1939）の『未開社会の思惟』において、未開人の心性が何らの関係も認められないような対象と直接的・神秘的に同一視（化）する現象を示すために用いられた。たとえば、部族の人間とトーテムとの間に見られる関係（トーテミズム）に神秘的融即の状態が見られるとした。その後、神秘的融即の概念は否定されたが、ユングにあっては、主体と客体が区別されていない原初の心理状態・集合的無意識における同一視（化）、「無意識的な直接的同一化」を意味した。

[14] 詩の題名のクブラ・カーンは、元の世祖フビライ・ハン（忽必烈汗、1215-1294）であり、現在の内蒙自治区の古い都である上都（Shang-tu）で即位した。

[15] グレーヴズ（Graves, R. R., 1924）、ボドキン（Bodkin, M., 1934）、ローズ（Lowes, J., L1930）、シュナイダー（Schneider, E., 1953）については、斉藤勇『斉藤勇著作集』第四巻「イギリス文学論集I」（1978）の「Kubla Kahnの解釈」より引用した。ヘニンガー（Heninger, S. K., 1960）、キング（King, B. B., 1981）については、田村謙二『コールリッジの創造的精神』（英宝社 1997）第十一章「『クブラ・カーン』の解釈――ユング的心理学解釈」より引用した。

[16] フランチェスコ・コロンナ（Francesco de Volonna, 1433-1527）はイタリアの修道士で、『*Hypneroto-machia Polophili*』（ヒュプネロトマキア・ポリフィリ、ポリフィーロの夢の中の恋の戦い）の作者と言われている。別人の説もある。主人公ポリフィーロが恋人ポーリアを探して夢の中を彷徨う物語である。ユングはこの本を高く評価し、この物語の夢のイメージはユングの元型を予言するものと言われている。

[17] ユングの元型には、アニマ（anima）、アニムス（animus）、影（shadow）、老賢者（old wise man）、太母（Mother）、永遠の少年（pure aeternus）、童児（miracle child）、英雄（hero）、トリックスター（trickster）などがあるが、詩の解釈にしばしば用いられる元型はアニマ、アニムス、影、老賢者などである。

[18] 斉藤勇『斉藤勇著作集』第四巻「イギリス文学論集I」（研究社出版 1978）の「Kubla Kahn の解釈」より引用。

第三章　詩歌療法の理論

[1] Eli Greifer（1902-1966）については、Leedy, J. J. による In Memoriam: Eli Greifer 1902-1966, Poetry Therapy（1969）より引用。グライファーは、法律家で薬剤師であったが、治療的な詩歌への関心を生涯にわたって持ち続け、『*Rhymes for the Wretched*』（不幸な人のための詩歌）、『*Poems for What Ails You*』（どうかしたの？のための詩）、

『*Psychic Ills and Poem Therapy*』(精神的な病と詩療法)、『*Philosophic Duels*』(哲学的闘いの掟)などの著書がある。

［2］ フロイトの「詩人と白昼夢の関係」(英語訳の書名)の原書名は『*Der Dichter und Phantasieren*』(詩人と空想すること)である。

［3］ 詩の原名は次の通りである。トマス・カーライルの「Today」、ウィリアム・クーパーの「Light Shining Out of Darkness」、ホームズの「The Chambered Nautilus」、ウォルター・サベイジ・ランドーの「You Spoke, You Spoke, and I Believed」、ロングフェローの「The Day is Done」、「The Rainy Day」、ミルトンの「On his Blindness」、シェリーの「Ode to the West Wind」、ロバート・ルイス・スティーブンソンの「The Celestial Surgeon」、フランシス・トンプソンの「In No Strange Land」、賛美歌23の「The Lord is my Shepherd」、ホイッティアーの「My Soul and I」、「The Light that is Felt」「The Eternal Goodness」。

［4］ 読書療法(bibliotherapy)は、読書により自己への洞察を得て悩みや問題を解消しようとする方法。したがって、症状や問題により処方される本が重要となる。治療者と一緒に読む場合もあれば、一人で読む場合もある。

［5］ 詩歌療法士(poetry therapist) アメリカの詩歌療法学会では、すでに認定詩歌療法士(Registered Poetry Therapist)を養成している。

［6］ 魔法使いの弟子症候群(Sorcerer's apprentice syndrome) この用語はゲーテ(Goethe, J. W.)の有名なバラッド「魔法使いの弟子」(Der Zauberlehrling)に由来する。年老いた魔法使いが若い弟子に雑用を言いつけて出かける。弟子は箒に魔法をかけて水くみを命じるが、魔法を完全に習得していなかったので、水くみを止めることができず、家中水浸しになる。洪水のような水の勢いに悲鳴を上げ、助けを求める。そのとき、年老いた魔法使いが帰ってきて水を止める。フランスの作曲家ポール・デュカスの交響詩「魔法使いの弟子」はよく知られている。

［7］ ナラティブ療法(Narrative therapy)は、一般的には自己の体験を回想して物語ることにより問題を解決・解消しようとする方法。ガーゲン(Gergen, K. J.)らの「社会構成主義としてのセラピー(Therapy as social construction)」(初版 1992)では、現実は人々の間で構成され、現実の構成が言語を通して実践されるとする。クライエントとセラピストの対話そのものが治療であるという。この本の十六編の論文のうち六編が野口祐二・野村直樹により『ナラティブ・セラピー』(2003 金剛出版)として訳出されている。

[8] ヒューズ(Hughe, L.)の詩「ハーレム」の原詩名は「Harlem」

[9]「結末のない」詩は、open ended の意味で、結末がはっきりと表現されていない詩。

[10] クレイン(Crane, S.)の詩「このぼろぼろのコートを脱ぐことができたなら」の原詩名は「If Should Cast Off This Tattered Coat」

[11] ギブラン(Gibran, K.)の詩「結婚について」の原詩名は「On Marriage」

[12] クレイン(Crane, S.)の「世界は心地よい場所であってはならない」の原詩名は、「The World is Not a Pleasant Place to Be」(Giovanni, E. の作詞)

[13] ヒューストン(Houston, W.)が歌った「あらゆるものの中で最も偉大な愛」の原詩名は「The Greatest Love of All」(Creed, L., & Masser, M. の作詞)

[14]「全部は出来ない」の原詩名は「Can't Do It All」(Josefowitz, N.)

[15] フロスト(Frost, R.)の詩「行かなかった道」の原詩名は「The Road Not Taken」。日本語訳は、第四章の「詩歌療法とブリーフ・セラピー」の(1)参照。

第四章　詩歌療法の適用

[1] ブリーフ・セラピー(brief therapy)あるいはブリーフ心理療法(brief psychotherapy)は、短期間療法とも呼ばれ、短い期間で心理療法を終了させる療法の総称である。一九六〇年代からアメリカを中心に発展してきたカウンセリングの方法である。

[2] ミュージカル『キャッツ』(Cats) の詩「メモリー」(Memory, Webber, et al. 1982) の中にエリオット (Eliot, T. S.) の詩「プレリュード」(Preludes) と全く同じ詩句は一行しかない。したがって、この詩の内容を用いたために、この詩によるとしたと考えられる。

[3] 前出第三章註 [15]

[4] 野村利夫『ロバート・フロストの牧歌』(国文社 p.235, 1984) からの引用。野村訳「きをつけてください。この詩はずるい (tricky) 詩なんです、とてもずるいんです」。

[5] 「おやすみ、ウィリー・リー、明日の朝、私はあなたに会える」の原詩名は「Goodnight Willie Lee, I'll See You in the Morning」。

[6] 「どんな長夜も、かならず明けるのだ」は「The night is long that never finds the day」の訳。

[7] 「私は有名になった」の原詩名は「I Got a Name」

[8] 「大きな声で泣かないで」の原詩名は「Don't cry out loud」

[9] 「憂うつな思い出にふける」の原詩名は「Brooding」で作詞者は Ignatow, D.

[10] 「レディ・レディ・レディ」の原詩名は「Lady, Lady, Lady」で作詞者は Forsey. K., & Moroder, G.

[11] 前出第三章註 [10]

[12] 前出第三章註 [14]

[13] ナイト・レンジャーの歌「グッドバイ」の原詩名は「Goodbye」で、作詞者は Watson & Blades.

[14] ジョン・デンバー (John Denver) の歌「自由を求めて」の原詩名は「Looking for Space」

[15] コラボレイティブ・ポエム (collaborative poem) は共同制作詩の意味である。連詩の訳が適切と思われるが、ここではそのまま用いた。本書第五章参照。

[16] 『浦河べてるの家』とは、精神障害をかかえた人たちの有限会社・社会福祉法人の名称。北海道浦河町で、共同

作業所、共同住居、通所授産施設などを運営しており、事業に参加している人たちの総数は一〇〇人を超える。共同住居にはグループホームと共同住居があり、小規模通所授産施設には地域ふれあい事業部、ビデオ事業部、出版事業部がある。地域共同作業所「ニューべてる」には日高昆布等海産物製造販売うまいもん事業部、感動事業部（OA関連事業）、べてるトラベルサービスがある。この他に（有）福祉ショップべてるがある。それぞれの代表者は、回復者のメンバーがつとめている。浦河べてるの家『べてるの家の「非」援助論』（医学書院 2002）著者紹介より。

［17］「わたしは生きている」の原詩名は「I am」。平井正穂編『イギリス名詩選』（岩波文庫 2007）

［18］非行中和の技術とは、非行者は自分の非行を何らかの手段を用いて自責や他者の非難から自分を守る技術。責任の否定、被害の否定、被害者の否定、非難者への非難、より高い忠誠心などを言う（Sykes, G. M., & Matza, D., 1957）。

第五章　連詩療法

［1］類似の言葉に聯詩があるが、この用語は詩人佐藤一英（1899-1979）が一行十二音、四行四十八音の頭韻を持つ詩型に付けた名前である。棟方志功が板画化した「空海頌《そらうみのたたえ》」は代表作である。聯詩は、一人の作者による長詩であり、複数の人による共同制作詩ではない。久野治『中部日本の詩人たち』（中日出版社 2002）に「聯詩」の創始者・佐藤一英について簡潔に紹介されている。詩集と評論集に『佐藤一英詩集』（講談社 1988）、『佐藤一英詩論随想集』（講談社 1988）がある。

［2］Rocking Mirror Daybreak.『揺れる鏡の夜明け』（筑摩書房 1982）。Poetische Perlen Renshi Franz Greno, Nordlingen, 1986. West Germany.『ヴァンゼー連詩』（岩波書店 1987）

［3］『*Renga: A Chain of Poems*』（1971）クロッペンシュタインは、この試みを四人の詩人のひとりであるオウクタヴィオ・パス（メキシコ）の言葉を引用して次のように説明している。『連歌ポエム』は、日本の連歌を詩の創作方

法に役立てようとしたもので、その目的は連歌を支配している組み合わせの要素と連歌がもつ共同作業的性格にある。各人が一詩節を書き、四つの連作がこの詩集に収められている。クロッペンシュタインはこのような詩作を連鎖詩（chain poems）と言っている。

［4］この詩集『*Segues*』には「反響し合う詩」という副題が付けられている。スタフォードとベルによるコラボレイティブ・ポエムの詩集は『セグエ』のみである。セグエ（segue）とは、音楽用語（イタリア語）で断絶なく次の楽章に移る指示、あるいは前の楽章と同じスタイルで演奏せよとの指示を言う（『リーダーズ英和辞典』）。

連詩の詩集には、前掲の詩集の他に『櫂・連詩』（思想社 1979）、大岡信『ヨーロッパで連詩を巻く』（岩波書店 1987）、『ファーザネン通りの縄ばしご』（岩波書店 1989）、新藤涼子・吉原幸子・高橋順子『連詩――からすうりの花』（思潮社 1998）、三木卓・高橋順子・新藤涼子『百八つのものがたり――連詩』（思潮社 2001）などがある。

第六章　俳句療法

［1］復本一郎『俳句の発見――正岡子規とその時代』二章「子規の『月並み』論」（p.85-88）、「子規の俳句論中の『たるみ』ということ」NHK出版（p.95-104, 2007）

［2］寺田寅彦全集第十二巻（1961）の後記によれば、寅彦が俳句を作り始めたのは熊本高等学校の学生の頃（明治三一年）で、当時そこの先生であった漱石を訪ね、自分でも俳句を作ってみたくなったと言い、それからしきりに漱石のもとに通っている。俳句をみてもらうために漱石を訪ねたのか、先生を訪ねる口実に俳句を作ったのかわからないほどだと述懐している。

また、漱石の句作については、復本一郎（2007）によれば、最も古い俳句は明治二二年の正岡子規に宛てた手紙に、「帰ろうと泣かずに笑え時鳥」「聞かふとて誰も待たぬに時鳥」の二句で、その後の明治二八年（1985）に子規宛の手紙に「少子、近頃、俳門に入らんと存候。御閑暇の節は御高示を仰ぎたく候」と本格的に関心を示している。

［3］本書では客観的、客体的あるいは対象的は objective の意味で文脈により使い分けている。

［4］寺田寅彦『俳句の精神』寺田寅彦全集第十二巻、岩波書店（p.225-240, 1961）

［5］寺田寅彦『連句雑俎』「連句の独自性」寺田寅彦全集第十二巻、岩波書店（p.120-256, 1961）
「刷《かいつくろひ》ぬ」（かき繕ひ）の解釈には二説あって、「鳶が嘴で乱れた羽をかいつくろった」と「雨に濡れて自然にかいつくろわれた」の意味で、寅彦は前者の意味にとっている。小学館『完訳日本の古典』第五四巻芭蕉句集（1984）の中村俊定・堀切実注解では、後者の解釈をとっている。

［6］投影（projection）とは、フロイトの用語で、自分自身の内部に生じた衝動、感情、考えを他人が抱いていると思い込む心理的メカニズムで、自我防衛機制のひとつ。現在では、個人の内面にある感情、欲求・願望、葛藤、体験、思考様式などの外界への反映という意味で用いられている。

［7］切れ字とは、連歌・俳諧の発句において、一句として意味を完結させるために、修辞的に言い切る形をとる語。これがないと平句《ひらく》のように聞こえる。たとえば、「古池や蛙飛び込む水の音」の「や」。切れ字十八字は発句に用いる主要な切れ字。

［8］高浜虚子の『俳句の作りやう』（角川ソフィア文庫 2009）で、配合法については「二　題を箱でふせてその箱の上に上って天地乾坤を睨めまわすということ」（p.22-34）、「じっと眺め入る・案じ入ること」については「三　じっと眺め入ること」（p.35-47）、「四　じっと案じ入ること」（p.48-58）。埋字法については「五　埋字（一）」（p.58-66）、「六　埋字（二）」（p.67-89）に説明されている。

［9］文章完成テスト法（SCT）とは、「私の希望は」「子どもの頃」など短い不完全な文章を刺激として示し、自由に補わせて文章を完成させる。補完された部分から人格特徴を分析する方法。

［10］飯森真喜雄には、次のような俳句療法に関する論文と著書がある。「詩歌療法における導入技法と治療の諸問題」（1986）、「俳句療法の理論と実際――精神分裂病を中心に」（1990）、「風狂と里帰り――ある分裂病者の俳句療法の

道程」(1990)、徳田良仁監修/飯森真喜雄・淺野欣也編『俳句・連句療法』創元社(1990)

[11] 統合失調症(schizophrenia: 旧名、精神分裂病)は、明確な身体的所見によって規定された疾患ではなく、その症状と経過の特徴によってまとめられた精神病群であり、さまざまな病像を示す。中核となる症状は自閉性(autism)で、他人との人間的接触が困難になることである。家族との対話がなくなり、友人との交渉、職場での付き合いもうまくいかなくなる。注視妄想、関係妄想などの被害観念、幻聴、「他人にあやつられている」などの作為体験も生じるが、これらの症状は向精神薬などにより大体消失する。しかし、対人関係の困難と閉じこもり傾向は残るとされている。

[12] 心身症　身体疾患の中で、その発症や経過に心理社会的因子が密接に関与し、器質的ないし機能的障害が認められる病態を言う。ただし神経症やうつ病など、他の精神障害に伴う身体症状を除外する(日本心身医学会 1991)。

[13] 失感情言語症(アレキシサイミア alexithymia) ①自分の感情の認知及び言語化ができず、②情動と身体感覚の識別が困難で、③空想や想像力に乏しい症状を示す。

[14] Jule Romains(1885-1972)はフランスの詩人で劇作家。Louis Farigoule のペンネーム。

[15] 寺田寅彦『俳句の精神』、寺田寅彦全集第十二巻、岩波書店(p.225-240. 1961)

[16] 俳句を三行で英訳したのはアストン(Aston, W. G.)で、『日本文学史』(A History of Japanese Literature, 1898)が三行訳の基礎となったとされている。俳句は、ハーン(Hearn, L.)、アストン(Aston, W. C.)、チェンバレン(Chambalaen, B. H.)らによって英訳されていたが、ブライス(Blyth, R. H.)の『Haiku』(1949-1952)は大きな影響を与えた。俳句の翻訳、世界への紹介については、速川和男・川村ハツエ・吉村侑久代『国際化した日本の短詩』(中外日報社 2002)に簡潔に記述されている。ドイツ語圏ヨーロッパ、イタリア、ポーランド及び北米の俳句事情については、星野愼一『俳句の国際性』(博文館新社 1995)が詳しい。

[17] Higginson, W. J. *The Haiku Handbook*, New York, McGraw-Hill, 1985. 上田(1994)より引用。

［18］　松山宣言　一九九九年九月、愛媛県文化財団主催で開かれた「俳句の詩学―二十一世紀の俳句を考える」において採択された宣言である。

［19］　フランスのボヌフォア（Yves Bonnefoy）の二〇〇〇年、正岡子規国際俳句大賞の受賞講演の一節。

［20］　Rosenthal, V. の『詩歌療法雑誌』の創刊号における『ハイク――創造の過程』以外の論文は、次の四編である。Seventeen syllables: Haiku as psychothrapy. *Voices: The Art and Science of Psychotherapy*. 11, 4. 1975; Haiku: Guide for an ailing therapist. *Voices: The Art and Science of Psychotherapy*. 19, 1. 1983, Haiku: Moments of seeing, moments of being. Pilgrimage: *Psychotherapy and Personal Exploration*, 12, 4, 1986. この論文は国内の図書館に所蔵されておらず、読むことができなかった。A Haiku psychologist: On giving up writing Haiku as way of being in the world. *Journal of Poetry Therapy*, 5 (2), 1991.

［21］　ヘンダーソン（Henderson, H.）の『俳句入門』（An Introduction to Haiku, 1958）と『英語の俳句』（Haiku in English, 1967）の二冊は、アメリカにおける俳句に普及に大きな影響を与えた。上田（1994）より引用。

［22］　北米ハイク・コンテスト（1988）で一席に選ばれたハイクは、次のような句であった。

　蛙の池　葉が一枚落ちる　音もなく

　frog pond…/ a leaf falls in / without a sound. Berrnard　Einbond(上田訳)

［23］　ローゼンタールが読んだ本には、Yasuda, K.(1957) *The Japanese Haiku*; Hackett, J.(1958) *The Way of Haiku*; Henderson, H.(1958) *An Introduction to Haiku*; Stewart, H.(1960) *A Net Fireflies*; Blyth, R. H.(1963, 1964) *A History of Haiku*. Vol.1 & 2; Stewart, H.(1969) *A Chime of Windbells*; Shiki, K.(1972) *Peonies Kana* がある。

［24］　ここに引用したローゼンタールのハイクは次の通りである。

　Snow drifting up . . . . up / clouds covering sky empty / but for the full moon.

　January sixth / and still no birds have come to / the empty feeder

Today in the snow / the chickadees returned to / the feeders. Kana.
On awakening / the empty vase reminds me / to pick some flowers.
I began to ask: / Look!　What color is the sun ? / Just then it vanished.(1960)
On awakening / the empty vase reminds me / to pick some flowers.(1986)

［25］　ヒルツネン（HiltunenS. M. S.）には、Inital therapeutic applications of Noh Theater in drama therapy. *The Journal of Transpersonal Psychology*, 20, 1, 71-79, 1988. Bereavement, lamenting and the Prism of Consciousness: Some practical considerations. *The Arts in Psychotherapy*, 30, 217-228, 2003. などの論文がある。

［26］　第五章の「1　連詩療法とは何か」（1）参照。

第七章　連句療法

［1］「連句雑俎」（1961）寺田寅彦全集第十二巻、岩波書店（p.120-256）。「連句雑俎」の論考は、俳句雑誌『渋柿』に昭和六年三月から十二月まで発表されたもので、全集では1．連句の独自性、2．連句と音楽、3．連句と合奏、4．連句の心理と夢の心理、5．連句心理の諸現象、6．月花の定座の意義、7．短歌の連作と連句の七編が収められている。

［2］　界面現象とは二つの境界面に生じる現象で、界面化学やコロイド化学のように、二つの物質が完全に混じり合うことがなく互いに影響を及ぼし合っている現象を言っている。ここでは、和音あるいは和声のように音あるいは声が重なり合うことで新たな様相を生じさせるという意味である。

［3］　シンテシス（synthesis）は統合、合成の意味で、反対語は分析・アナリシス（analysis）。

［4］　淺野欣也「連句による治療の試み」『芸術療法』14, 7-14, 1983. が、連句療法に関する最初の論文と思われる。その後、「句の共作よる連句クール」『芸術療法』15, 49-55, 1984.「連句構造の精神療法的意義」『芸術療法』17, 45-52,

1986. などの論文が発表されている。

［5］ 打越とは、連歌、俳諧で付句の前々句のこと。連句においても同じ。連句の変化、展開を求め、付句の趣向、題材が前々句と類似することを避ける。

［6］ 投影法検査とは、曖昧な図形や文章を刺激として呈示し、反応を口頭あるいは記述で求め、その反応から個人の特性を見出そうとする方法である。代表的なものとしてロールシャッハ・テスト、TAT、文章完成テストなどがある。

新曜社の関連書

職場のメンタルヘルス相談室
心のケアをささえる実践的Q＆A
菅佐和子 ほか
A5判224頁 本体2200円

つながりあう「いのち」の心理臨床
患者と家族の理解とケアのために
木村登紀子
A5判292頁 本体3500円

医療における心理行動科学的アプローチ
糖尿病・ホルモン疾患の患者と家族のために
中井吉英 監修
内分泌糖尿病心理行動研究会 編
四六判208頁 本体1800円

カウンセラーのための法律相談
心理援助をささえる実践的Q＆A
出口治男 監修
〈心理臨床と法〉研究会 編
A5判208頁 本体2200円

摂食障害というこころ
創られた悲劇／築かれた閉塞
松木邦裕
四六判248頁 本体2400円

こころに寄り添う緩和ケア
痛いと向きあう「いのち」の時間
赤穂理絵／奥村茉莉子 編
A5判240頁 本体2600円

医療のなかの心理臨床
こころのケアとチーム医療
成田幸弘 監修
矢永由里子 編
A5判304頁 本体3800円

自閉症
「からだ」と「せかい」をつなぐ新しい理解と療育
藤居学（そらパパ）・神谷栄治
四六判240頁 本体1900円

＊表示価格はすべて税別です

著者紹介
小山田隆明（おやまだ　たかあき）
1937年北海道生まれ。東北大学文学部（哲学）卒業。同大学院博士課程（心理学）修了。
岐阜大学名誉教授，岐阜女子大学文化創造学部教授。
専門は，学習心理学・認知心理学・行動の意識的統御。

新曜社
詩歌療法
詩・連詩・俳句・連句による心理療法

初版第1刷発行　2012年5月25日

著　者　小山田隆明
発行者　塩浦　暲
発行所　株式会社 新曜社
〒101-0051　東京都千代田区神田神保町2-10
電話(03)3264-4973・FAX(03)3239-2958
e-mail info@shin-yo-sha.co.jp
URL http://www.shin-yo-sha.co.jp/
印刷所　エーヴィスシステムズ
製本所　イマヰ製本所

ISBN978-4-7885-1293-1　C1011

人名索引

――― な 行 ―――

――― は 行 ―――

事項索引

引用文献

Adler, A. *Understanding Human Nature: A key to self-knowledge*, New York: Fawcett.(Trans. by W. Beran Wolfe, 1954.(original work published 1927).

Alexander, F., & French, T. M. *Psychoanalytic Therapy: Principles and Application*, New York: Ronald Press. 1946 Koss(1986) より引用。

安西均　詩のレトリック　伊藤信吉他編『詩とは何か』(伊藤信吉他編『現代詩鑑賞講座』第一巻) 角川書店　247-262, 1969.

アリストテレス／山本光雄訳『政治学』(出隆監修／山本光雄編『アリストテレス全集』第十五巻) 岩波書店　3-413, 1969.

アリストテレス／今道友信訳『詩学』(出隆監修／山本光雄編『アリストテレス全集』第十七巻) 岩波書店　17-252, 1972.

淺野欣也　連句による治療の試み　芸術療法　14, 7-14, 1983. 岩崎学術出版社

淺野欣也　連句構造の精神療法的意義　芸術療法　17, 45-52, 1986. 岩崎学術出版社

淺野欣也　連句療法の理論と技法と実際　徳田良仁監修／飯森真喜雄・淺野欣也編『俳句・連句療法』創元社　206-235, 1990.

淺野欣也『癒しの連句会』日本評論社　2000.

Baker, P., *Using Metaphors in Psychotherapy*, New York: Brunner/Mazel, 1985. Mazza(2003) より引用。

ベック (Beck, A.) ／大野裕訳『認知療法』岩崎学術出版社　1998.

ブレイク (Blake, W.) ／梅津濟美訳『ブレイク全著作集』名古屋大学出版会　1989.

Blanton, S. *The Healing Power of Poetry Therapy*, New York, Crowell, 1960. Blanton(1969) より引用。

Blanton, S. The use of poetry in individual psychotherapy. In Leedy, J. J. (Ed.). *Poetry Therapy: The Use of Poetry in Treatment of Emotional Disorders*. J. B. Lippincott Co., 171-179, 1969.

ボードレール（Baudelaire, C. P.）／阿部良雄訳 『全詩集Ⅰ　悪の華』ちくま文庫　95-96, 1998.

ボヌフォア（Bonnefoy, Y.）正岡子規国際俳句大賞受賞記念講演「俳句と短詩型とフランスの詩人たち」川本皓嗣訳『国際俳句フェスティバル・正岡子規国際俳句賞・関連事業記録集』7-11, 2000.

バウラ（Bowra, C. M.）／床尾辰男訳『ロマン主義と想像力』みすず書房 1974.

Chase, K. About collaborative poetry writing. *Journal of Poetry Therapy*, 3 (2), 97-105, 1989.

Chase, K. *Land of Stone: Breaking Silence through Poetry*. Wayne State University Press, 2007.

Edgar, K. F., & Hazley, R. Validation of poetry therapy as a group therapy technique. In Leedy, J. J.(Ed.). *Poetry Therapy: The Use of Poetry in Treatment of Emotional Disorders*. J. B. Lippincott Co., 111-123, 1969.

愛媛県文化振興財団　「松山宣言」『国際俳句コンベンション開催記録』68-75, 1999.

愛媛県文化振興財団　「松山メッセージ2000（松山宣言追補）」『国際俳句フェスティバル・正岡子規国際俳句賞　関連事業記録集』72-73, 2000.

エリオット（Eliot, T. S.）／西脇順三郎訳「四つの四重奏」西脇順三郎・上田保訳『エリオット詩集』（世界詩人全集16）新潮社　211-235, 1968.

エリス・ハーパー（Ellis, A., & Harper, A.）／北見芳雄監訳／国分康孝・伊藤順康訳『論理療法』川島書店　1997.

Frerenczi, S. *Further Contribution to The Theory and Technique of Psychoanalysis*, London: Hogarth Press, 1950.(original work published 1920). Koss(1986) より引用。

フロイト（Freud, S.）／高橋義孝訳「空想することと詩人」フロイト選集第七巻『芸術論』3-17, 日本教文社　1967.(Freud, S. Der Dichter und Phantasieren, 1908.)

Freud, S. *Formulierungen über die Zwei Prinzipien des Psychischen Geschehens*. Gesammelte Werke, Bd, 8, Fischer, 230-238, 1911.

Geertx, C. *Local Knowledge*, New York: Basic Books. 1983. Chase(1989) より引用。

Hackett, L. W. *Haiku Poetry*, Hokuseido, Tokyo, 1964. 上田（1994）より引用。

長谷川龍生　不毛と無能からの出発　『詩の技法』（西脇順三郎・金子光晴監修『詩の本』第二巻）筑摩書房　216-226, 1967.
速川和男・川村ハツエ・吉村侑久代『国際化した日本の短詩』中外日報社　2002.
Heninger, O. E. Poetry therapy: Exploration of a creative righting maneuver, *Art Psychotherapy: an International Journal,* 4 (1), 39-40. 1977.
Heninger, O. E. Poetry therapy. In *American Handbook of Psychiatry,* 2nd Edition. Basic Books, Inc., 553-563, 1981.
Heuvel, Cor van Den (Ed.), *The Haiku Anththology.* Anchor Books, Garden City, 1947. 上田（1994）より引用。
Higginson, W. J. *The Haiku Handbook,* New York, McGraw-Hill, 1985. 上田（1994）より引用。
Hiltunen, S. M. S. Haiku meditation therapy, *Japanese Bulettin of Arts Therapy,* 34 (1), 52-69, 2003.
平井正穂編『イギリス名詩選』岩波文庫　2007.
星野惠則　連句療法の経験 —— 青年期境界例を中心に　芸術療法 17, 53-63, 1986.
星野惠則・田村宏　慢性精神分裂病と連句　精神医学研究 10 (1-2), 88-106, 1990.
星野惠則　玩具修理を見つめる幼い瞳 —— ある心因痛患者と連句　徳田良仁監修／飯森真喜雄・淺野欣也編『俳句・連句療法』創元社　294-312, 1990.
星野惠則　俳句・連句療法（総論）臨床精神医学 増刊号　115-119, 2001.
星野愼一『俳句の国際性』博文館新社　1995.
深尾須磨子　斑猫　現代日本詩人全集第九巻　創元社　26-33, 1995.
復本一郎『俳句の発見 —— 正岡子規とその時代』NHK 出版　2007.
Hynes, A. M. Biblio/poetry therapy in women's shelters, *American Journal of Social Psychiatry,* 7, 112-116, 1987.
飯森真喜雄　精神分裂病と詩歌 —— 第一報・俳句を用いた慢性精神分裂病患者に対する精神療法的接近の試み　芸術療法雑誌　9, 95-103, 1978.
飯森真喜雄　精神療法としての詩歌療法 —— その治療機制と理論、技法、適応について　東京医科大学雑誌　42 (2), 221-237, 1984.
飯森真喜雄　詩歌療法における導入技法と治療的諸問題　芸術療法　17, 93-98, 1986.

飯森真喜雄　俳句療法――精神分裂病を中心にして　徳田良仁監修／飯森真喜雄・淺野欣也編『俳句・連句療法』創元社　128-205, 1990.

飯森真喜雄　「風狂」と「里帰り」――ある分裂病者の俳句療法の道程　徳田良仁監修／飯森真喜雄・淺野欣也編『俳句・連句療法』創元社　272-293, 1990.

今道友信　カタルシスについて　今道友信訳『詩学』（出隆監修／山本光雄編『アリストテレス全集』第十七巻）岩波書店　143-148, 1972.

入沢康夫　詩の構成『詩の技法』（西脇順三郎・金子光晴監修『詩の本』第二巻）筑摩書房　143-166, 1967.

石垣りん　立場のある詩『詩の技法』（西脇順三郎・金子光晴監修『詩の本』第二巻）筑摩書房　283-299, 1967.

伊藤信吉他編『現代詩鑑賞講座』第一巻「詩とはなにか」角川書店　1969.

岩田　宏　御報告『詩の技法』（西脇順三郎・金子光晴監修『詩の本』第二巻）筑摩書房　266-282, 1967.

Jaspers, K. *Allgemeine Psychopathologie*. 5 Auflage, Springer-Verlag, 250-344, 1965.（内村祐之他訳『ヤスペルス精神病理学総論』中巻　岩波書店　1960. がある。一部を参考にした。）

Jung, C. G. On the relation of analytical psychology to poetry, In Jung, C., *Collected Works of C. G. Jung*, Vol.15, Priceton Uni.Press, 65-83, 1966.（松代洋一訳「分析心理学と文芸作品の関係」『創造する無意識』平凡社　7-48, 2007. がある。）

Jung, C. G. Psychology and literature, In Jung, C. G. *Collected Works of C. G. Jung*, Vol.15, Priceton Uni. Press, 65-83, 1966.（松代洋一訳「心理学と文学」松代洋一訳『創造する無意識』平凡社　2007. がある。）

ユング（Jung, C. G.）／林道義訳「集合的無意識の概念」林道義訳『元型論』増補改訂版　紀伊国屋書店　11-26, 2007.

梶原和歌　集団療法としての詩歌療法（俳句）を試みた看護の一考察（その一）　第十七回日本看護学会　成人看護（宮崎）79-81, 1986.

Kant, I. *Kritik der reinen Vernunft*, Felix Meiner, 334-368, 1956.

加藤　隆『「新約聖書」の「たとえ」を解く』ちくま新書筑摩書房　49-55, 2006.

川崎　洋　すべて初めてのことだった――ヴァンゼーの思い出　大岡信他『ヴァンゼー連詩』岩波書店　63-69, 1987.

キーツ（Keats, J.）／宮崎雄行編『対訳キーツ詩集』岩波文庫　2005.
北園克衛　芸術としての詩『詩の技法』（西脇順三郎・金子光晴監修『詩の本』第二巻）筑摩書房　177-190, 1967.
クロッペンシュタイン（Klofpenstein, E.）／松下たゑ子訳　現代の連詩　大岡信他『ヴァンゼー連詩』岩波書店　70-88, 1987.
Koch, K. *Wishes, Lies, and Dreams: Teaching Children to write Poetry,* New York: Harper & Row, 1970. Mazza（2003）より引用。
Korba, A, T. *Haiku Therapy,* Author House, 2005.
Koss, M. P., Butcher, J. N. & Strupp, H. H. Btief psychotherapy methods in clinical research. *Journal of Consulting and Clinical Psychology,* 54（1）, 60-67, 1986.
黒田三郎　見ている目『詩の技法』（西脇順三郎・金子光晴監修『詩の本』第二巻）筑摩書房　202-215, 1967.
黒田喜夫　被分解者・被抑圧者の方法『詩の技法』（西脇順三郎・金子光晴監修『詩の本』第二巻）筑摩書房　227-239, 1967.
草野心平　小さな三つの例『詩の技法』（西脇順三郎・金子光晴監修『詩の本』第二巻）筑摩書房　169-176, 1967.
Lerner, A., Poetry therapy in the group experience, In Abt, L. E. & Stuart, I. R.（Eds.）, *The Newer Therapies: A Sourcebook,* New York: Van Nostrand-Reinhold, 228-248, 1982. Mazza（2003）より引用。
Leedy, J. J.（Ed.）, *Poetry Therapy: The Use of Poetry in Treatment of Emotional Disorders,* J. B. Lippincott Co., 1969.
Leedy, J. J. Principles of poetry therapy. In Leedy, J. J.（Ed.）, *Poetry Therapy: The Use of Poetry in Treatment of Emotional Disorders.* J. B. Lippincott, 67-74, 1969.
Leedy, J. J. *Poetry the Healer,* Philadelphia, PA: Lippincott, 1973.
Lessner, J. W. The poem as catalyst in group counseling, *Personnel and Guidance Journal,* 53（1）, 33-38, 1974. Mazza（2003）より引用。
Lewis, C. D. *The Poetic Image. The Clark Lectures given at Cambridge.* Jonathan Caoe Paperback, 1966.
Lewis, C. D. *Poetry for You,* Basil Blackwell & Mott, 1959.（深瀬基寛訳『詩を読む若い人々のために』筑摩書房　1989. がある）
Lindemann, E. Symptomatology and management of acute grief, *Amercan*

Journal of Pschiatry, 101, 7-21, 1944. Koss(1986) より引用。
正岡子規「墨汁一滴」(子規全集十一巻『随筆』) 講談社　91-227, 1975.
正岡子規「病牀六尺」(子規全集十一巻『随筆』) 講談社　229-382, 1975.
マン (Mann, J.) ／上地安昭訳『時間制限心理療法』(Time-limited psychotherapy) 誠信書房　1980.
Mazza, N. Poetry: A therapeutic tool in the early stages of alcoholism treatment. *Journal of Studies on Alcohol*, 40 (1), 123-128, 1979.
Mazza, N., & Prescott, B. U. Poetry: An ancillary technique in couples group therapy. *American Journal of Family Therapy*, 9, 53-57, 1981.
Mazza, N. Encountering dilenmas and life's choices. In Chavis, G. G., & Weisberger, L. L.(Ed.), *The Healing Foundation*, North Star Press of St. Cloud, Inc., 59-78, 2003.
Mazza, N. *Poetry Therapy: Theory and Practice*, Routledge, 2003.
Meerloo, J. A. The universal language of rhythm, In Leedy, J. J.(Ed.), *Poetry Therapy: The Use of Poetry in Treatment of Emotional Disorders. J. B.* Lippincott Co., 52-66, 1969.
宮下忠二『ワーズワス・コールリッジ抒情歌謡集』の解説　大修館書店　271-291, 1992.
宮崎雄行　キーツの詩「秋に」の註　宮崎雄行編『対訳キーツ詩集』岩波文庫　172-177, 2005.
森澄雄『俳句への旅』角川ソフィア文庫　角川書店　2009.
Müller-Thalheim, W. Art-therapy in manner of Haiku. *Japanese Bulettin of Arts Therapy*, 31 (1), 59-37, 2000.
村野四郎　詩をどう読むか　金子光晴他『詩の鑑賞』(西脇順三郎・金子光晴監修『詩の本』第二巻) 筑摩書房　9-31, 1968.
中原中也　汚れつちまつた悲しみに (日本詩人全集二十二『中原中也』) 新潮社　1967.
中桐雅夫　詩とイメージ　伊藤信吉他編『詩とは何か』(伊藤信吉他編『現代詩鑑賞講座』第一巻) 角川書店　263-277, 1970.
中桐雅夫　自作を語る　黒田三郎 (1967) より引用
中野重治『中野重治詩集』(現代文学大系三六) 筑摩書房　1966.
夏目漱石『草枕』岩波文庫　岩波書店　1990.
野村利夫『ロバート・フロストの牧歌』国文社　1984.

大岡　信　言葉の出現『文学』第三六巻　岩波書店　1-14, 1968.
大岡　信　詩とは何か　伊藤信吉他編『詩とは何か』第一章シンポジウム・詩とは何か（伊藤信吉他編『現代詩鑑賞講座』第一巻）角川書店　9-49, 1970.
大岡　信・フィッツシモンズ（Fitzsimmons, T.）『揺れる鏡の夜明け』筑摩書房　1982.
大岡　信・K. キヴス（Kiwus）・川崎洋・G. フェスパー（Vesper）『ヴァンゼー連詩』岩波書店　1987.
大岡　信『連詩の愉しみ』岩波新書　岩波書店　1991.
大岡　信　ハイクと俳句　日本文体論学会編『俳句とハイク』花神社　15-42, 1994.
大岡　信編『連詩　闇にひそむ光』岩波書店　2004.
大森健一　病跡学からみた俳句創造と俳句療法　徳田良仁監修／飯森真喜雄・淺野欣也編『俳句・連句療法』創元社　88-111, 1990.
長田　弘　未来の記憶『詩の技法』（西脇順三郎・金子光晴監修『詩の本』第二巻）筑摩書房　300-311, 1967.
長田　弘『詩ふたつ』クレヨンハウス　2010.
プラトン／藤沢令夫訳『パイドロス』（プラトン全集第五巻）岩波書店　127-267, 1980.
Plasse, B. R. Poetry therapy in parenting group for recovering addicts, *Journal of Poetry Therapy,* 8, 135-142, 1995.
Reeves, J. *Understanding Poetry,* Heinemann, 1965.（武子和幸訳『詩がわかる本』思潮社　1993. がある。）
Rico, G., *Writing the Natural Way,* Boston: J. P. Tarcher, 1983. Mazza(2003)より引用。
Rolfs, A. M., & Super, S. I. Guiding the unconscious: The process of poem selection for poetry therapy groups, *The Art in Psychotherapy,* 15, 119-126, 1988.
Rosenthal, V. Seventeen syllables: Haiku as psychothrapy. *Voices: The Art and Science of Psychotherapy,* 11, 2-4, 1975.
Rosenthal, V. Haiku: Guide for an ailing therapist. *Voices: The Art and Science of Psychotherapy,* 19, 27-29, 1983.
Rosenthal, V. Haiku: The process of creation. *Journal of Poetry Therapy,* 1,

31-37, 1987.
Rosenthal, V. A Haiku psychologist: On giving up writing Haiku as way of being in the world. *Journal of Poetry Therapy,* 5(2), 105-112, 1991.
Rossiter, C., Brown, R., & Gladding, S. T. A new criterion for selecting poem for use in poetry therapy, *Journal of Poetry Therapy*, 1, 157-168, 1990.
寮美千子『空が青いから白をえらんだのです —— 奈良少年刑務所詩集』長崎出版　2010.
斉藤　勇『イギリス文学論集 I』(『斉藤勇著作集』第四巻) 研究社　1978.
佐藤春夫　秋刀魚の歌 (日本詩人全集十七『佐藤春夫』) 新潮社　1967.
Schloss, G. A., *Psychopoetry: A New Approach to Self-Awareness through Poetry Therapy*, New York Grosset and Dunlap, 1976. Mazza(2003) より引用。
シェイクスピア (Shakespeare, W.) ／福田恒存訳『マクベス』(シェイクスピア全集十三) 新潮社　1981.
志村実夫　連句を介したそれぞれの一人旅 —— 精神分裂病者への連句療法の経験　徳田良仁監修／飯森真喜雄・淺野欣也編『俳句・連句療法』創元社　335-354, 1990.
志村実夫　俳句・連句療法　各疾患への連句療法　臨床精神医学　増刊号　120-126, 2001.
関根　弘　寓話『詩の技法』(西脇順三郎・金子光晴監修『詩の本』第二巻) 筑摩書房　240-256, 1967.
宋　左近　炎の花　金子光晴他『詩の原理』(西脇順三郎・金子光晴監修『詩の本』第一巻) 筑摩書房　181-195, 1968.
宋　左近　炎える母　伊藤信吉他編『詩とは何か』(伊藤信吉他編『現代詩鑑賞講座』第一巻) 角川書店　9-49, 1970.
Stafford, W. & Bell, M. *Segues; A Correspondence in Poetry,* Boston: David R. Godine, 1983.
Sykes, G. M. & Matza, D. Techniques of neutralization: A theory of delinquency. *American Sociological Review*, 22, 664-670, 1957.
高浜虚子『俳句の作りよう』角川ソフィア文庫　角川書店　2009.
玉木一兵『森の叫び —— 精神病者の詩魂と夢想』批評社　1985.
田村　宏　繋ぎ止められた夫婦の絆 —— 慢性躁うつ病と連句　徳田良仁監修／飯森真喜雄・浅野欣哉編『俳句・連句療法』創元社　313-334, 1990.

田村　宏　俳句・連句・自然感情――慢性精神分裂病者の表現特性とその言語論的理解　日本芸術療法学会誌 22(1), 160-165, 1991.
田村　宏　俳句・連句療法　最新精神医学　4(6), 589-599, 1999.
田村　宏　心身症の治療　俳句・連句療法　心療内科　6(1), 33-38, 2002.
田村謙二『コールリッジの創造的精神』英宝社　1997.
田村隆一　ぼくの苦しみは単純なものだ『詩の技法』(西脇順三郎・金子光晴監修『詩の本』第二巻) 筑摩書房　191-201, 1967.
田村隆一　詩とは何か　伊藤信吉他編『詩とは何か』第一章シンポジウム・詩とは何か (伊藤信吉他編『現代詩鑑賞講座』第一巻) 角川書店　9-49, 1970.
寺田寅彦　俳句の精神 (寺田寅彦全集第十二巻) 岩波書店　225-240, 1961.
寺田寅彦　連句雑俎 (寺田寅彦全集第十二巻) 岩波書店　120-256, 1961.
徳田良仁監修／飯森真喜雄・淺野欣也編『俳句・連句療法』創元社　1990.
辻桃子・安部元気『はじめての俳句づくり』文芸社　2006.
上田真　北米におけるハイク　日本文体論学会編『俳句とハイク』シンポジウム：短詩型表現をめぐって――俳句を中心に　花神社　149-160, 1994.
浦河べてるの家『べてるの家の「非」援助論』医学書院　2002.
ヴァレリー (Valery, P.) ／佐藤正彰訳「詩と抽象的思考」佐藤正彰他訳『クローデル・ヴァレリー』(世界文学大系五一) 筑摩書房　401-415, 1968.
Wells, R. A. *Planned Short-Term Treatment*, 2nd ed., New York: Free Press, 1994. Mazza(2003) より引用。
Whitmont, E. C., & Kaufmann, Y. Anlytical psychotherapy, In Corsini, R. (Ed.), *Current Psychotherapies*, Itasca, ILF. E. Peacok, 85-117, 1973. Mazza(2003) より引用。
Wolberg, L. Methodology in short-term therapy. *American Journal of Psychology*, 122, 135-140, 1965.
Wordsworth, W. & Coleridge, S. T. *Lyrical Ballads*, ed. by Brett, R. L. & Jones, A. R., Methuen & Co. Ltd., 1976.
ワーズワス・コールリッジ (Wordsworth, W. & Coleridge, S. T.) ／宮下忠二訳『ワーズワス・コールリッジ 抒情歌謡集』大修館書店　1992.
ワーズワス／山内久明編『対訳ワーズワス詩集』イギリス詩人選 (3) 岩波文庫　2006.
山中康裕　芸術療法と俳句・詩歌療法――精神科外来における俳句療法の一

例から　徳田良仁監修／飯森真喜雄・淺野欣也編『俳句・連句療法』創元社　64-87, 1990.
山内久明　イギリス――心の深淵　山内久明他『ヨーロッパ・ロマン主義を読み直す』岩波書店　3-119, 1997.
Yochim, K. The collaborative poem and inpaitent group therapy: A brief report. *Journal of Poetry Therapy*, 7, 145-149, 1994.
吉岡実　わたしの作詩法？『詩の技法』（西脇順三郎・金子光晴監修『詩の本』第二巻）筑摩書房　257-265, 1967.